Flügel für die Seele

Norbert Lechleitner

Flügel für die Seele

111 überraschende
Weisheitsgeschichten,
die jeden Tag
ein wenig
beschwingter machen.

Herder Freiburg · Basel · Wien

Inhalt

Ein Wort zuvor

„Das Leben kann nur so schön sein, wie du es verstehst, seine Schönheit auch zu erkennen", sagte der Meister.

Ist es nicht so, daß wir jeden Tag aufs neue lernen müssen, die Schönheit des Lebens zu entdecken, weil wir so vieles für selbstverständlich halten? Selbstverständlich ist, daß wir morgens aufwachen, daß warmes Wasser aus der Dusche fließt, daß es beim Bäcker frische Brötchen gibt, daß täglich Tausende Ereignisse und Bilder auf uns einstürmen, die uns nicht weiter aufregen, uns nicht verwundern, uns kaum berühren. „Wir haben verlernt, die Augen auf etwas ruhen zu lassen. Deshalb erkennen wir so wenig", sagt Jean Giono. Erst wenn sich im Alltäglichen etwas drastisch verändert, wenn etwas Unvorhergesehenes passiert, dann werden wir aufmerksam.

Bedauerlich ist, daß diese Veränderungen oft mit unangenehmen Begleiterscheinungen verbunden sind. Manchmal sind Krankheit, Leid und persönliche Krisen die schwierigen Voraussetzungen, um das für uns Wesentliche im Leben zu erkennen. Dann erst stellt sich heraus, daß uns das Gewöhnliche eingehüllt hat wie ein Nebel, der uns die Orientierung nimmt, daß wir der Fata Morgana der steigenden Bedürfnisse nachgeeilt sind oder der Chimäre der neuen Ansprüche erlegen sind. Diese Situation verlangt Mut und Zuversicht, mitunter auch das Wissen kundiger Helfer, neue, lebensbestimmende Erfahrungen zu machen, die die Freiheit der Seele bedeuten können.

Die alten Weisen der Menschheitsgeschichte wußten, daß der Mensch nur vom Menschen lernen kann. Um ihre Erkenntnisse von einem glücklichen und gerechteren Leben zu vermitteln, kleideten sie ihr Wissen in kleine Geschichten, die von solchen Menschenschicksalen erzählen und darum helfen können, den eigenen Standpunkt zu hinterfragen und zu verändern.

Viele Weisheitsgeschichten sind schon in vorbuddhistischer Zeit in Indien entstanden. Neue Geschichten kamen hinzu, und im Laufe der Zeit verbreiteten sich solche spirituellen Erzählungen über die ganze Welt, bereichert durch das Wissen anderer Kulturen, Religionen und Lebenserfahrungen. Doch da jeder Mensch seine Wahrheit neu entdecken muß, ist die Weisheit und die Wirkkraft dieser Geschichten unvergänglich.

Wer nach Schätzen sucht, muß an vielen Orten tief graben. Kleine Kostbarkeiten aus Indien, China und Japan sind hier versammelt, wie auch Weisheitsgeschichten aus dem persischen, arabischen und christlichen Kulturraum. Fast immer sind es Geschichten, Fabeln, Parabeln, Gleichnisse und Gedanken, die seit Jahrhunderten von Generation zu Generation und von Volk zu Volk weitergegeben wurden. Die Quelle einer solchen hier nacherzählten Geschichte läßt sich darum nie mit letzter Sicherheit ausmachen. Fast immer bedienen sich die Geschichten des Tricks der überraschenden Pointe, welche die Wahrheit enthüllt. Sie inspirieren den Leser, seine gewohnheitsmäßigen Überzeugungen im täglichen Leben zu überdenken und ermöglichen ihm neue Erkenntnisse.

Weisheitsgeschichten können die Wahrnehmung des scheinbar so Selbstverständlichen verändern. Sie können Alternativen und Auswege in anscheinend hoffnungslosen Situationen erkennen lassen. Sie können ein Lachen schenken, und sie können helfen und heilen. Weisheitsgeschichten sind die Flügel, auf denen sich sie Seele erhebt.

Norbert Lechleitner

I. Das Leben wagen

1. Zusammenhalt

Die Eltern waren es leid, daß sich ihre sieben Kinder dauernd stritten. Eines Tages rief der Vater die Kinder ins Wohnzimmer. Auf den Tisch legte er sieben gleichdicke Stöcke, die mit einer Schnur zu einem Bündel zusammengebunden waren.

„Ich bin bereit, demjenigen von euch hundert Mark zu geben, der es schafft, diese Stöcke zu zerbrechen", forderte er seine Kinder auf.

Jedes seiner Kinder bemühte sich, doch schließlich mußten sie einsehen, daß es ihnen trotz aller Anstrengung nicht möglich war, das Bündel zu zerbrechen.

„Nun, ihr habt euch bemüht und erkannt, daß ihr diese Stöcke nicht zerbrechen könnt", sagte der Vater. „Und doch ist nichts leichter als das." Er öffnete die Schnur, nahm einen Stock in die Hände und zerbrach ihn. Und auch die anderen Stöcke zerbrach er, einen nach dem anderen, ohne die geringste Anstrengung.

Die Kinder protestierten und meinten, das sei ein ganz lausiger Trick. Doch sie wurden still und nachdenklich, als der Vater ihnen sagte: „So wie es diesen Stöcken erging, wird es euch ergehen. Denn ihr seid wie diese Stöcke. Solange ihr zusammenhaltet, seid ihr stark wie dieses Bündel, und niemand kann euch in Gefahr bringen. Doch wenn ihr streitet und untereinander uneins seid, wenn ihr auseinander geht und nichts mehr voneinander wissen wollt, dann kann es jedem von euch ergehen wie diesen Stöcken, die jetzt zerbrochen vor euch auf dem Tisch liegen."

2. Tore

Ein General kam zum Meister und fragte ihn: „Sage mir, was du über Himmel und Hölle weißt. Gibt es sie wirklich?"

Der Meister sah den General in seiner Uniform verächtlich an: „Was versteht denn so einer wie du schon von solchen Fragen? Hast du denn schon einmal ein Buch gelesen, das sich mit solchen Themen beschäftigt, oder kannst du nur Befehle brüllen?"

Die Zornesröte stieg dem General ins Gesicht. Ihn derart zu beleidigen hatte noch niemand gewagt. Er riß seine Waffe hoch und drang auf den Meister ein.

„Jetzt öffnen sich die Tore der Hölle", sagte ganz gelassen der Meister.

Verwundert steckte der General die Waffe zurück.

„Und jetzt öffnen sich die Tore des Himmels", sagte der Meister.

3. Zuviel gewollt

Einst hatte ein mächtiger König beschlossen, ein kleines Land zu überfallen, dem eigentlich keine große Bedeutung beizumessen war, selbst dann nicht, wenn er es als neue Provinz seinem Reich angliedern konnte.

Kurz vor der Landesgrenze ließ der König sein Heer in einem Wald lagern, damit man ausgeruht in den Kampf ziehen konnte. In Begleitung eines seiner Minister ging der König unter den Bäumen spazieren. Er amüsierte sich über ein Äffchen, das sich von einem Ast herunterhangelte und einem Soldaten ein paar Bohnen aus der Pfanne stahl, als er sie eben garen wollte. Mit einer Handvoll geraubter Bohnen schwang sich das Äffchen zurück in die Sicherheit. Zufrieden mit seiner Beute fing es an zu essen, doch da fiel ihm eine Bohne aus der Hand. Sofort kletterte das Äffchen nach unten, um die verlorene Bohne zurückzuholen. Doch viel zu aufgeregt durch die Anwesenheit der Soldaten verlor es alle Bohnen, als es die heruntergefallene aufheben wollte.

Über dieses kleine Mißgeschick mußte der König lachen.

„Du siehst, mein König", sagte der Minister, „wie leicht es passieren kann, daß man für so wenig so viel verlieren kann."

Nach kurzem Nachdenken gab der König den Befehl zum Rückzug und ließ das kleine Land unbehelligt.

4. Kultur

Zwei chinesische Lastenträger waren an einer Straßenecke zusammengestoßen. Ein heftiger Streit war entfacht. Passanten blieben stehen und sahen sich das Schauspiel der zwei Streithähne an. Argumente und Beschuldigungen flogen hin und her.

Unter den Neugierigen war auch ein Tourist, der sich die folkloristische Darbietung nicht entgehen lassen wollte. Weil die Schuldzuweisungen immer heftiger wurden, wandte er sich an seinen einheimischen Führer und fragte, ob die beiden Kontrahenten nicht gleich mit den Fäusten aufeinander losgehen werden.

„Das glaube ich nicht", entgegnete der Chinese, „denn derjenige, der den ersten Schlag tut, würde zugleich auch sein Gesicht verlieren. Denn er gibt durch seinen Angriff zu, daß er der Dümmere ist, weil ihm die Argumente ausgegangen sind."

5. Verstanden

Zu einem jungen König kam einmal ein Schriftgelehrter und sagte: „Mein König, seit Jahren habe ich die heiligen Schriften studiert. Gerne würde ich Euch mein Wissen weitergeben und Euch in den heiligen Büchern unterweisen."

Nun verstand der König von den heiligen Schriften immerhin so viel, daß er wußte, daß jemand, der sie recht verstanden hat, eher nach vollkommener Erleuchtung streben würde, als an einem Königshofe Anerkennung und Reichtum zu erwerben. Darum antwortete er dem Gelehrten: „Ich habe den Eindruck gewonnen, daß Ihr es in der Erkenntnis der Lehre noch nicht zur Meisterschaft gebracht habt. Ich verspreche, daß Ihr mich unterweisen sollt, doch empfehle ich Euch ein weiteres intensives Studium der Schriften."

Der Schriftgelehrte empfand diese Zurückweisung durch den jungen König zwar als sehr überheblich, doch fühlte er sich auch in seinem Ehrgeiz geweckt, und er studierte die Bücher noch einmal sehr gründlich. Nach einem Jahr ging er wieder zum König, doch der wies ihn mit der gleichen Begründung ab wie schon ein Jahr zuvor.

Tief gekränkt haderte der Gelehrte lange Zeit mit sich und der Zurückweisung durch den König. Doch dann sagte er sich, daß die Antwort auf seine Zweifel nur in den Büchern zu finden sei. Aufs neue versenkte er sich tiefer denn je in die heiligen Schriften.

Allmählich begann sich sein Geist zu klären und die Bilder, die er sich von seiner Zukunft als berühmter Gelehrter und von einem Leben in Anerkennung und Wohlstand gemacht hatte, verschwanden aus seinen ehrgeizigen Visionen. Statt dessen leuchtete die innere Wahrheit der Lehre in seinem Herzen auf, und es lag ihm nun nichts mehr daran, den Beifall der Welt zu suchen.

Einige Jahre später kam der König in die Heimatstadt des Gelehrten, und er suchte ihn auf, da er nie wieder von ihm gehört hatte. Als er ihm jetzt gegenübertrat und das Licht der Weisheit und Güte in seinen Augen sah, beugte er sich ehrfürchtig vor ihm nieder und sagte: „Jetzt bin ich wirklich bereit, Euer Schüler zu werden, wenn Ihr mich noch als solchen annehmen wollt. Denn jetzt habt Ihr die wahre Bedeutung der Schriften erkannt.“

6. Bekehrung

Des Nachts saß der Meister in tiefer Meditation versunken. Da schlich ein Dieb zu ihm herein, störte ihn unsanft und verlangte sein Geld oder sein Leben. Der Meister deutete auf ein Kästchen und sagte: „Darin liegt all mein Geld."

Dann wandte er sich wieder seiner Meditation zu. Doch während der Dieb sich noch an dem Geldkästchen zu schaffen machte, unterbrach der Meister seine Meditation und sagte: „Laß mir noch etwas Geld zurück, damit ich morgen mein Essen bezahlen kann."

Der Dieb nahm fast alles Geld an sich, und als er verschwinden wollte, rief der Meister ihm hinterher: „Es ist üblich, sich zu bedanken, wenn man ein Geschenk erhalten hat!"

Der Dieb bedankte sich und eilte davon. Einige Zeit später wurde er jedoch verhaftet. Man verhörte ihn, und er gestand, den Meister überfallen zu haben. Zur Gerichtsverhandlung wurde auch der Meister in den Zeugenstand gerufen: „Bei mir hat der Mann nichts gestohlen. Ich gab ihm Geld, und er bedankte sich dafür."

Als der Dieb seine Gefängnisstrafe abgebüßt hatte, bat er den Meister, ihn als seinen Schüler anzunehmen.

7. *Was fehlt*

Nicht sehr weit voneinander entfernt lagen zwei Klöster, eingebettet in einer schönen Landschaft. Das große Kloster war sehr reich, das kleine Kloster war sehr arm.

Eines Tages besuchte ein Mönch des armen Klosters seinen Bekannten im reichen Kloster und sagte: „Noch in diesem Frühjahr werde ich meine Pilgerreise zu dem weit entfernten Heiligtum an der nördlichen Grenze unserer Heimat antreten. Willst du mich nicht begleiten, denn ich hörte dich häufig davon sprechen, daß auch du den Wunsch verspürst, einmal an diesem heiligen Ort zu weilen."

„Ich würde dich ja sehr gerne auf der Pilgerfahrt begleiten, aber ich habe meine Vorbereitungen noch nicht abgeschlossen. Es fehlt mir immer noch dies und das", antwortete der Mönch des reichen Klosters.

„Was brauchst du denn mehr als festes Schuhwerk, einen wetterfesten Mantel, der dir auch als Decke dient, und deine Schale für den Reis, den du unterwegs erbittest?" fragte verwundert der Mönch des armen Klosters.

„Ich glaube, du stellst dir eine solche Reise, die monatelang dauert, viel zu einfach vor. Ich bereite mich schließlich schon seit Jahren auf diese strapaziöse Reise vor. Wie willst du den vielen möglichen Beschwernissen und Gefahren begegnen, wenn du nicht genügend vorbereitet und ausgerüstet bist?" erwiderte der reiche Mönch.

„Nun, ich werde in zwei Wochen aufbrechen, ob du nun mitkommst oder nicht", antwortete der arme Mönch.

Nach anderthalb Jahren kehrte der arme Mönch von seiner Pilgerreise zurück. Voller Begeisterung erzählte er dem reichen Mönch von seinen wundervollen Erlebnissen und seinen bereichernden Erfahrungen.

Etwas verlegen hörte der reiche Mönch den Schilderungen zu und sagte: „Durch deine Erzählungen weiß ich, daß mir noch dieses und jenes fehlt, bevor ich mich selbst auf die Pilgerreise begeben kann."

„Ich weiß, was dir vor allem fehlt", sagte der arme Mönch. „Und bevor du das nicht gefunden hast, wirst du nicht aufbrechen."

8. Federlesen

Vor langer Zeit lebte eine Frau im Dorf, die einfach ihren Mund nicht halten konnte. Sie klatschte und tratschte über alles und jeden. Eines Tages hatte sie mit ihrem Geschwätz eine andere Frau in große Schwierigkeiten gebracht. Das tat ihr nun leid, sie bereute, daß sie ihren Mund mal wieder nicht hatte halten können. Sie beichtete ihre Sünde und fragte, welche Buße ihr auferlegt werde.

„Gehe morgen auf den Markt und kaufe zwei Hühner", sagte der Pfarrer. „Und damit du auf dem Weg vom Markt nach Hause etwas zu tun hast, rupfst du unterwegs die zwei Hühner. Dann kommst du wieder zu mir und informierst mich."

Die Frau befolgte die Anweisungen, ging durch das Dorf zum Markt, kaufte dort zwei Hühner und rupfte ihnen die Federn aus, während sie nach Hause ging. Anschließend ging sie zum Pfarrer und berichtete, sie habe alles so getan, wie er es ihr auferlegt habe.

„Gut so", sagte der Pfarrer. „Nun bleibt zu deiner vollständigen Buße nur noch eines zu tun: Gehe durchs Dorf und sammle alle von dir verstreuten Federn wieder auf."

9. Brüderlich geteilt

Ein alter Beduine fühlte sein Ende nahen und rief darum seine drei Söhne zu sich.

„Allah sei mit euch", grüßte er sie. „Meine Tage auf dieser Welt sind gezählt. Hört darum, wie ich beschlossen habe, meinen Besitz unter euch zu verteilen: Meinem ältesten Sohn gebe ich die Hälfte meiner Kamele, meinem zweiten Sohn gebe ich ein Drittel meiner Kamelherde und mein Jüngster erhält ein Neuntel aller Kamele. Ihr seid mir immer gute Söhne gewesen und darum schwört, daß ihr auch diesen meinen letzten Wunsch getreu befolgen werdet, damit ich in Frieden entschlafen kann."

Bald darauf starb der Vater. Die Söhne zählten die Kamele seiner Herde und stellten fest, daß es siebzehn Tiere waren. Aber als sie sich ans Verteilen machten, standen sie vor einem Rätsel, denn sie fanden keine Lösung, wie sie die Herde nach den Wünschen ihres Vaters aufteilen sollten. Sie wälzten das Problem hin und her, doch sie sahen keinen Ausweg. Auch konnten sie sich nicht dazu entschließen, ein Tier zu töten und das Fleisch unter sich zu verteilen.

In ihrer Ratlosigkeit kamen sie überein, Rat bei einem alten Freund ihres Vaters zu suchen. Sie erzählten ihm ihr Problem und er sagte: „Euer Vater und ich waren unzertrennliche Freunde. Ich bin fast so alt wie er. Allah weiß, wie lange ich noch zu leben habe. Darum gebe ich euch im Andenken an euren Vater das einzige Kamel, das ich habe."

Dankbar nahmen die Brüder das Kamel mit und nun stellte sich heraus, daß die Aufteilung der Herde nach dem letzten Wunsch ihres Vaters ganz einfach geworden war. Der

Älteste erhielt die Hälfte – also neun Kamele; der Zweite bekam ein Drittel – also sechs Kamele; der Jüngste erhielt ein Neuntel – also zwei Kamele.

Und es erschien ihnen wie ein Wunder, daß, nachdem ein jeder seinen vereinbarten Anteil erhalten hatte, noch ein Kamel übrig war. Aus Dankbarkeit über die Großherzigkeit des alten Freundes ihres Vaters brachten sie ihm sein Kamel zurück.

10. Ein dicker Fisch

Ein Geschäftsmann litt seit einiger Zeit an verschiedenen Beschwerden, doch konnte keine Medizin seine Unpäßlichkeit lindern. Sein Hausarzt überwies ihn zu einem Facharzt für psychosomatische Erkrankungen. Nach einer gründlichen Untersuchung erzählte der Arzt folgende Geschichte:

„Eine Möwe hatte einen prächtigen Fisch gefangen, und sofort stürzte sich mit lautem Geschrei der ganze Möwenschwarm auf sie. Die Möwen hackten auf sie ein, verletzten sie an verschiedenen Stellen und versuchten mit aller Gewalt, ihr den dicken Fisch wegzuschnappen. Sie ließen nicht von ihr ab, ganz gleich wohin sie sich wendete. Und noch immer kamen andere Möwen hinzu, bis schließlich die Übermacht der Widersacher zu groß wurde. Da ließ die Möwe den Fisch fallen.

Sofort fing ihn eine andere Möwe auf, und alle Peiniger ließen von der ersten Möwe ab und stürzten sich auf die Möwe mit dem Fisch.

Die erste Möwe, nun endlich wieder unbehelligt, ruhte sich auf dem Ast eines Baumes friedlich aus.

Ein Fischer, der das Geschehen beobachtet hatte, dachte bei sich: ‚Man muß loslassen können, wenn man in Ruhe und in Frieden leben will.'"

11. Unsterblich

Ein König hatte eine übermäßige Angst vor dem Tod. Ständig war er darauf gefaßt, plötzlich sterben zu müssen. Als ihm dann zugetragen wurde, daß es einigen Ärzten und Magiern gelungen sei, einen lebensverlängernden Trank herzustellen, ließ er sie sogleich an seinen Hof rufen, damit er den Unsterblichkeitstrunk immer zur Hand habe.

Einen seiner Minister betrübte es sehr, seinen König in einem solchen Wahn gefangen zu sehen, zumal die Ärzte und Magier einen immer stärker werdenden Einfluß auf ihn ausübten. Darum wartete er eine Gelegenheit ab, daß seinem König wieder einmal der geheimnisvolle Unsterblichkeitstrunk gereicht werden sollte. Blitzschnell ergriff er den kostbaren Becher und trank ihn leer.

Wütend ließ der König ihn ergreifen und gab den Befehl, den Minister für diesen Frevel hinrichten zu lassen. Doch der blieb ganz gelassen und sagte ruhig zum König: „Dieser Befehl, mein König, ist vollkommen zwecklos. Denn soeben bin ich durch den Trank unsterblich geworden. Sollte ich aber trotzdem sterben, so seid Ihr mir großen Dank schuldig dafür, daß ich Euch von einer Bande von Schwindlern befreit habe."

Die kluge Antwort rettete ihm das Leben und brachte den König zur Besinnung.

12. Berge versetzen

In einem Talkessel, der nur zum Meer hin offen war, lebte abgeschieden vom Hinterland eine kleine Dorfgemeinschaft. Seit Generationen ernährten sich die Menschen dort von dem, was das Meer ihnen gab und von den Erträgen ihrer kargen Felder. Mit den Jahren war die Einwohnerzahl gewachsen. Immer öfter mangelte es an Platz und Nahrungsmitteln. Den Wagemutigsten unter ihnen blieb nur der Weg ins Ungewisse: mit dem Fischerboot hinaus aufs Meer zu fahren und auf ein günstiges Schicksal zu hoffen – oder der Weg über die Berge, in der Hoffnung, auf andere Bewohner des Landes zu treffen.

Der Ältestenrat beschloß, daß einige beherzte junge Männer einen Weg über das Gebirge suchen sollten. Erst nach drei Monaten kehrten zwei der vier Männer von der Expedition ins Dorf zurück. Ein Mann sei gleich zu Beginn ihres Unternehmens in eine tiefe Schlucht gestürzt. Der andere sei in der Stadt geblieben, die nur fünf Tagereisen entfernt liege. Die Männer waren wochenlang durch die Landschaft gestreift, wollten voller Verzweiflung längst wieder umkehren, als sie endlich auf einen Ziegenhirten getroffen waren, der ihnen den Weg zur Stadt weisen konnte. Dieser Weg sei auch gar nicht so anstrengend, wie sie auf ihrem Rückweg feststellten. Äußerst gefährlich sei vielmehr der Weg über die Berge, durch die kein trittsicherer Pfad führe, steile Felswände und tiefe Schluchten den Weg versperrten.

Nun war guter Rat teuer. Handel mit der Stadt konnten sie nicht betreiben, da es ihnen unmöglich war, die Waren über die Berge zu transportieren. Auszuwandern und ihr liebliches Tal am Meer zu verlassen, das mochten sie sich auch nicht vorstellen.

„Schon unsere Väter haben es immer wieder abgelehnt, ein Schiff zu bauen und in der Hoffnung auf eine bessere Zukunft hinaus aufs ungewisse Meer zu segeln. Auch würde es Jahre dauern, ein genügend großes Schiff zu bauen, wozu uns auch die Erfahrung fehlt. Es bleibt uns nichts anderes übrig, als die zwei Berge, die uns den Durchgang ins Hinterland versperren, abzutragen. Wenn wir uns gemeinsam an die Arbeit machen, können wir einen sicheren Pfad, vielleicht sogar eine Straße anlegen, damit unsere Not für immer ein Ende hat."

Ungläubig starrten die Dörfler den Ältesten an. Sie konnten nicht glauben, was sie soeben gehört hatten. Eine so ungeheure Idee war noch keinem von ihnen in den Sinn gekommen. Sie konnten sich auch nicht erinnern, daß jemals einer ihrer Vorfahren einen solchen Vorschlag gemacht hätte, denn ein derart phantastischer Gedanke wäre doch in Generationen nicht verloren gegangen.

Als sie nach dem ersten Staunen wieder zur Besinnung kamen, fragte einer der Umstehenden den Ältesten: „Aber wohin sollen wir das Geröll und den Sand schaffen. Wenn wir Berge abtragen, werden anderswo neue Berge entstehen."

„Gar kein Problem", sagte der Dorfälteste. „Den gesamten Abraum schütten wir ins Meer und später in die Schluchten."

„Das ist doch alles Unsinn", ereiferten sich einige Leute. „Das ist doch gar nicht zu schaffen und wäre nur Verschwendung von Arbeitskraft, die wir dringend brauchen, um unsere Felder zu bestellen und etwas Fisch zu fangen. Viele von uns sind schon alt, einige sind jung oder im mittleren Alter, und die Kinder zählen bei einem solchen Unternehmen nicht."

„Ihr habt recht und ihr habt zugleich unrecht: Was wir dringend brauchen, ist die Begegnung mit anderen Bewohnern dieses Landes, um Handel treiben zu können. Darum werden wir in wechselnden Gruppen arbeiten, damit unser täglicher Bedarf gedeckt wird und zugleich am großen Ziel gearbeitet werden kann.

Auch zählt jeder einzelne, die Alten ebenso wie die Kinder. Denn natürlich werden wir Alten es nicht mehr erleben, daß die Straße fertiggestellt wird. Und vielleicht werden es auch unsere Kinder noch nicht erleben. Aber wir haben seit Generationen nach einem Weg gesucht – was könnte uns nun daran hindern, für Generationen auf ein Ziel hinzuarbeiten? Und bedenkt: Die Berge stehen da und verändern sich nicht. Sie werden sich weder vermehren, noch werden sie wachsen. Wir aber werden uns verändern, und wir werden wachsen.

Darum haben die Berge keine Chance gegen uns. Wenn wir unser Ziel nicht aus den Augen verlieren, werden wir die Berge bezwingen. Wenn wir zusammenstehen, haben wir die Berge bereits besiegt!"

13. Falscher Stolz

Der Portier des vornehmsten Hotels der Stadt kam am Ende seines langen Arbeitstages nach Hause, als seine Frau ihm mitteilte, daß sie ihn verlassen werde. Äußerst betroffen fragte er sie nach dem plötzlichen Sinneswandel, da sie doch schon so viele Jahre glücklich zusammenlebten.

„Entsetzt bin ich“, sagte die Frau, „denn heute habe ich dein anderes Gesicht gesehen. Zufällig ging ich heute an deinem Hotel vorbei, denn normalerweise komme ich ja nie in den vornehmen Stadtteil. Von der anderen Straßenseite sah ich, mit welcher Arroganz du in deiner goldbetreßten Uniform einen Stadtstreicher davongejagt hast, wie du lästige Kinder verscheuchtest und wie untertänig und selbstgefällig du deinen Dienst verrichtet hast. Mit einem solchen Mann will ich nicht länger zusammensein.“

Still ging der Mann aus dem Zimmer. Von diesem Tag an änderte er sein Verhalten: Er wurde freundlich, zuverlässig und bescheiden.

14. Gelassenheit

Kaum etwas empfinden wir als demütigender, als wenn hinter unserem Rücken schlecht über uns geredet wird oder wenn wir zu Unrecht beschuldigt werden. Staatsmänner lernen recht rasch, mit solchen Erfahrungen zu leben. Vielleicht will sich ein Gegner aus den Reihen der Opposition auf ihre Kosten profilieren oder ein Journalist spekuliert aus Sensationslust mit eigenwilligen Behauptungen. Zwar sind solche Ereignisse eher die Ausnahme, und in der Regel nutzen verantwortungsbewußte Politiker die seriöse Kritik als Gradmesser für die Annahme ihrer Arbeit, doch können sie die leidige Situation ungerechtfertigter Vorhaltungen selten vermeiden.

Nach den Wahlen sah sich ein ausgezeichneter und altgedienter Politiker plötzlich den heftigen Beschuldigungen eines neuen Parlamentsmitglieds ausgesetzt. Der neue Politiker ließ keine Gelegenheit aus, um ihn in seinen Reden und in den Medien mit abfälligen Bemerkungen zu attackieren. Doch der alte Politiker machte keinerlei Anstalten, dem Einhalt zu gebieten. Selbst wenn ihn sein neuer Gegner in einer Parlamentsdebatte ziemlich rüde unterbrach, verzog er keine Miene und ignorierte dessen Zwischenrufe.

Nach einiger Zeit fragte ein Freund den Staatsmann, wie er es nur schaffe, die Ruhe zu behalten, wie er so gelassen bleiben könne und angesichts des ungebührlichen Verhaltens und der falschen Beschuldigungen seines Gegners nicht mit der vollen Kraft seiner Autorität zurückschlage.

„Deine Frage kann ich am besten mit einer kleinen Geschichte aus meiner Kindheit beantworten“, sagte der

Staatsmann. „Damals, als ich noch ein kleiner Junge war, lebte in der Wohnung nebenan ein alter Mann, der einen Hund hatte. Immer wenn der Mond schien, fing der Hund an zu heulen, manchmal länger als eine Stunde. Anfangs fürchtete ich mich sehr, wenn ich nachts aufwachte, und auch für alle Bewohner war das Geheule ziemlich lästig, aber man unternahm nichts dagegen, weil der Nachbar alt und allein war und außerdem noch stocktaub."

Der Politiker unterbrach sich, schaute auf seine Uhr und stand eilig auf und sagte: „Ich muß los. Ich sehe dich nachher im Ausschuß!"

„Halt, einen Augenblick!" rief der Freund. „Du kannst mich doch nicht mit einer halbfertigen Geschichte sitzen lassen. Also, was ist geschehen?"

„Eigentlich ist der Geschichte nichts mehr hinzuzufügen", entgegnete der Politiker mit einem verschmitzten Lächeln. „Irgendwann wurde der Hund des Jaulens überdrüssig, und der Mond schien weiterhin."

15. *Höchstpersönlich*

An der Pforte eines stillen Klosters zog ein Mann heftig die Glocke und begehrte Einlaß. Der Pförtner überbrachte dem Meister eine beeindruckende goldverzierte Visitenkarte, auf der zu lesen stand: Conrad von Soundso; und darunter: Präsident des Soundso-Unternehmens.

Der Meister gab dem Pförtner die Karte zurück mit der Bemerkung: „Sage ihm, er sei hier fehl am Platze."

Der Pförtner tat wie geheißen. „Entschuldigt bitte, das war mein Fehler", sagte der vornehme Herr. Er strich mit einem Stift die Worte durch und schrieb auf die leere Rückseite der Visitenkarte: Conrad.

„Erbitte meinen Einlaß freundlicherweise noch einmal von deinem Meister."

Der Pförtner brachte die Visitenkarte nochmals zum Meister.

„Ach, Conrad wartet draußen", sagte der Meister. „Den möchte ich sehen. Laß ihn herein."

16. Gottes Liebe

Ein Amerikaner war in England verheiratet gewesen. Doch da seine Frau nach langer Krankheit verstorben war, beschloß er, mit seiner kleinen Tochter in seine alte Heimat zurückzukehren. Eine lange Seereise schien ihm der richtige Weg zu sein, seinen Kummer zu bewältigen.

Am zweiten Tag ihrer Reise gingen Vater und Tochter auf dem Deck des Schiffes ein wenig auf und ab. Sie standen an der Reling und sahen, wie das Schiff durch die sanften Wellen glitt. Sie gaben sich ganz der Faszination der unendlichen Weite des Meeres hin, ein jeder von ihnen bedrückt durch das tragische Ereignis, die Frau und die Mutter verloren zu haben.

Nach einer Weile fragte das Mädchen ganz leise aus ihren Gedanken heraus: „Papa, hat Gott uns ebenso lieb wie wir Mama lieb gehabt haben?"

„Ja, da tut er, mein Liebes", antwortete der Vater. „Gottes Liebe ist das Allergrößte, das es in der Welt überhaupt gibt."

„Wie groß ist das denn?" fragte das Kind.

„Wie groß? Ich will versuchen, dir das zu erklären: Schau über das weite Meer. Sieh nach oben und dann nach unten. Gottes Liebe ist so groß, daß sie uns weiter umgibt als alles Wasser, das du sehen kannst. Und sie ist höher als der höchste Himmel über uns und geht tiefer als die tiefste Tiefe unter uns, über die uns unser Schiff trägt."

Das Mädchen versuchte, dieses gewaltige Bild zu verstehen. Ihrem Gesicht war die große Mühe anzusehen, und ihre Augen füllten sich mit Tränen. Schon wollte der Vater sie trösten, da umfaßte sie mit beiden Händen seinen Arm und ein Strahlen ging über ihr Gesicht, als sie sagte: „Aber das ist ja wunderbar, weil wir mitten darin sind!"

17. Das Beste

Ein gelehrter Leser betrat eine Buchhandlung. Während er in verschiedenen Neuerscheinungen blätterte, vernahm er folgendes Gespräch:

„Geben Sie mir das beste Buch, das Sie haben“, verlangte ein Kunde von der Buchhändlerin.

„Jedes Buch in unserer Buchhandlung ist das beste!“ sagte die Buchhändlerin. „Sie werden kein Buch finden, das nicht das beste ist.“

Diese Worte erleuchteten den Zuhörer und machten ihn weise.

18. Beharrlichkeit

Ein Mann fing an, einen Brunnen zu graben. Er grub zehn Meter tief und stieß noch immer nicht auf Wasser.

Schließlich gab er diese Grabung auf und fing an anderer Stelle von vorne an. Doch obwohl er diesmal fünfzehn Meter tief grub, zeigte der Boden noch immer keine Spuren von Feuchtigkeit.

Er suchte einen anderen Platz und grub nun noch tiefer als die beiden vorigen Male. Aber auch hier fand er kein Wasser.

Enttäuscht und erschöpft gab er das ganze Unternehmen auf.

Die Tiefe der drei Brunnenschächte betrug zusammengerechnet fast fünfzig Meter.

Hätte er die Geduld gehabt, von der gesamten Energie, die er schließlich bei seinem Bemühen aufgewendet hatte, nur einen Bruchteil auf die Grabung im ersten Brunnen zu verwenden und noch ein wenig tiefer gegraben, so hätte er sicherlich Wasser gefunden.

19. Zuverlässig

Zwei Freunde hatten sich geschworen, sich auf ihrer langen Reise in allen Nöten und Gefahren beizustehen. Auf ihrer einsamen Wanderschaft geschah es, daß ein riesiger Bär ihre Witterung aufgenommen hatte und sie verfolgte.

Einer der Freunde hatte in seiner Panik alle guten Vorsätze, einander zu beschützen und zu helfen, sofort vergessen. Er rannte zu einem Baum, sprang zum untersten Ast, zog sich hoch und brachte sich in Sicherheit.

Im Vertrauen auf die Erzählung, daß ein Bär niemals einen toten Menschen angreift, warf sich der andere Wanderer auf die Erde und stellte sich tot.

Der Bär kam näher, schnüffelte überall an dem vermeintlich Toten herum, ließ dann aber von dem reglosen Körper ab und trollte sich von dannen.

Der Reisegefährte kletterte von seinem Baum, rüttelte den erstarrten Freund und fragte ihn grinsend: „Was hat der Bär dir denn gesagt? Ich habe genau gesehen, daß er seine Schnauze ganz nah an dein Ohr hielt."

„Nun, er gab mir den guten Rat, niemals solchen falschen Freunden zu vertrauen, die beim ersten Anzeichen von Gefahr Reißaus nehmen und ihre Freunde im Stich lassen."

20. Erfahrung

„Was ist nur mit unseren Freunden los?" sagte der Affe eines Tages zu seiner Frau, „sie sehen alle so schlecht gelaunt aus."

„Sie werden wohl dem Ärger begegnet sein", meinte seine Frau.

„Ach du meine Güte. Ich wollte, ich würde ihn mal kennenlernen. Es würde mich interessieren, welchen Eindruck er macht", entgegnete der Affe.

Der Gedanke beschäftigte ihn sehr, und da er allein keine Antwort finden konnte, ging er zum alten Weisen des Waldes und trug ihm sein Anliegen vor.

„Nichts einfacher als das", sagte der Alte. „Dem Ärger kannst du überall begegnen. Nimm diesen Sack und trage ihn bis zur Mitte der Lichtung. Genau in der Mitte der Waldlichtung öffnest du den Sack, und dann wirst du mit größter Sicherheit auf Ärger treffen."

Der Affe nahm den Sack und öffnete ihn genau in der Mitte der Lichtung. Ein großer Hund sprang heraus und bellte den Affen so wütend an, daß der wegrannte, so schnell er konnte. Unglücklicherweise war es ein weiter Weg bis an den Rand der Lichtung, wo die ersten Bäume standen. Der Hund jagte hinter dem Affen her. Der konnte sein heißes Schnauben auf dem Rücken fühlen und spürte seine Fänge nahe seinen Beinen. Von Panik getrieben sprang er im letzten Augenblick an den untersten Ast eines Baumes und brachte sich zwischen den Blättern rasch in Sicherheit. Am Fuß des Baumes tobte die wütende Bestie, bis sie schließlich von ihm abließ und zwischen den Bäumen verschwand.

„Ich habe nie geglaubt, dem Ärger so rasch zu begegnen", sagte der Affe am Abend zu seiner Frau.

„Geschieht dir ganz recht", erwiderte sie. „Denn nur wirklich dumme Affen sind darauf aus, dem Ärger zu begegnen."

21. Natürlich

Ein Mann hatte die Neigung entwickelt, an allem und jedem herumzukritteln. Ständig hatte er etwas zu nörgeln, es gefiel ihm dies nicht, es gefiel ihm das nicht. Und meistens hatte er auch gleich einige Verbesserungsvorschläge parat.

Eines Tages bemerkte er, daß ein großer Kürbis aus einem dünnen Stiel wuchs. „Wie dumm das ist", rief er aus, „einen so mächtigen Kürbis an einem so winzigen Trieb wachsen zu lassen. Wenn ich die Welt gemacht hätte, dann würden mächtige Kürbisse auf mächtigen Eichen wachsen, statt dieser kleinen Eicheln, die man ja kaum erkennen kann."

Erschöpft von der Anstrengung, diesen großen Gedanken zu denken, ließ er sich im Schatten der alten Eiche nieder, die ihn zu seiner Überlegung angeregt hatte. Er hatte eben die Augen zu einem Nickerchen geschlossen, als ihm etwas auf den Kopf fiel. Eine Eichel war vom Baum gefallen.

Während er sich die schmerzende Stelle rieb, dachte er: „Gottseidank wachsen auf Eichen keine Kürbisse."

22. Geteiltes Leid

Zwei Wanderer waren seit den frühen Morgenstunden unterwegs. Die Sonne brannte auf sie nieder. Ihre Kehlen waren ausgetrocknet, ihre Beine waren bleischwer, die Füße schmerzten.

„Ich gehe jetzt keinen Schritt weiter", sagte der Jüngere und ließ sich ins Gras fallen. „Noch sechs Kilometer und fast immer bergauf, das schaffe ich nicht mehr."

„Wenn du es bis hierher geschafft hast, wirst du den Rest des Weges auch noch überstehen", ermunterte ihn sein Weggefährte und fügte wohlmeinend hinzu: „Es sind doch nur noch drei für jeden von uns."

23. *Dazugelernt*

Von den vielen Schülern, die sich um den Meister scharten, wurde einer verdächtigt, ein Dieb zu sein. Man brachte die Anklage vor den Meister, doch er ging auf das Problem nicht ein.

Einige Zeit später wurde der Schüler beim Diebstahl erwischt. Jetzt war die Verdächtigung zum Tatbestand geworden. Die Schüler erwarteten, daß der Meister den Täter zur Rechenschaft ziehen werde. Doch wieder unternahm der Meister nichts in dieser Angelegenheit.

Da reichten die empörten Schüler eine Bittschrift beim Meister ein und ersuchten ihn, den Dieb endlich zu bestrafen, da sie sonst allesamt fortgehen würden.

Nun rief der Meister alle Schüler zu sich. „Ihr, die ihr euch empört und ein langes Gesuch eingereicht habt, seid kluge Schüler", sagte der Meister. „Denn ihr habt verstanden, was recht ist und was nicht recht ist. Geht ruhig fort, wenn ihr meint, daß es für euch hier nichts mehr zu lernen gibt. Niemand hält euch auf.

Doch dieser arme Mitschüler von euch kann nicht einmal zwischen recht und unrecht unterscheiden. Wer soll ihn unterweisen, wenn ich es nicht tue. Geht ihr nur fort, doch ihn werde ich in meiner Nähe behalten."

Tränen der Scham reinigten die Seele des Diebes, und Demut befriedete die Herzen der Empörten.

24. Beschämt

Ein Araber hatte ein Pferd, das reinrassig und so über alle Maßen schön war, daß ein jeder, der es sah, sogleich den Wunsch verspürte, es besitzen zu wollen. Ein Beduinenscheich bot ihm zwei edle Kamele für sein Pferd, doch der Araber war nicht interessiert. Auch die gesamte Kamelherde des Scheichs wollte der Araber nicht gegen sein Pferd eintauschen.

„Wenn er mir gegen all mein Hab und Gut das Pferd nicht einhandeln will, dann muß es eben mit einer List gehen", dachte sich der Beduine, und er verkleidete sich wie ein Bettler.

Schlimme Schmerzen vortäuschend, legte er sich an den Rand der Straße, von der er wußte, daß der Araber auf seinem Pferd hier vorbeikommen werde. Und so geschah es auch. Voller Mitgefühl mit dem leidenden Bettler stieg der Araber vom Pferd. Er beugte sich über den armen kranken Mann und bot ihm an, ihn zu einem Arzt zu begleiten.

„Ich bin zu schwach zum Laufen", wimmerte der Bettler. „Ich habe schon seit Tagen nichts mehr gegessen. Ich kann nicht aufstehen, ich habe keine Kraft mehr."

Der Araber hob mit starken Armen den kranken Bettler in den Sattel, und kaum, daß er auf dem Pferd saß, stieß er ihm mit den Füßen in die Flanke und galoppierte davon.

Schnell hatte der Araber erfaßt, daß er von dem Beduinen überlistet worden war, und er rief dem Scheich nach, er solle anhalten, da er ihm etwas sagen müsse. Stolz, aber auch neugierig zügelte der Scheich in sicherer Entfernung das Pferd.

„Du hast mir mein Pferd gestohlen", rief der Araber.

„Daran kann ich nun nichts mehr ändern. Aber wenn du noch einen Funken Anstand im Herzen haben solltest, dann erfülle mir die Bitte und erzähle niemandem, auf welche Weise du mich hereingelegt hast."

„Warum sollte ich das wohl tun?" rief der Scheich höhnisch zurück.

„Weil irgendwann wirklich ein armer Mensch krank und hilflos am Wegrand liegen könnte. Und wenn dein Verhalten bekannt wird, wird niemand mehr ihm helfen wollen."

Ein Woge von Scham erfaßte den Scheich. Er ritt zurück, und wortlos übergab er das edle Pferd seinem rechtmäßigen Besitzer.

25. Verändern

Die Eltern waren in große Sorge wegen ihres einzigen Sohnes, der ein ziemlich ausschweifendes Leben in der großen Stadt führte. Sie wußten, daß sie ihr Kind sehr verwöhnt und einen Teil der Situation mitverursacht hatten, die sie nun beklagten. Kein Wunder, daß alle ihre Ermahnungen bei ihrem Sohn auf taube Ohren stießen.

„Ich lebe jetzt, und ich will etwas vom Leben haben", war seine Devise. Es kümmerte ihn nicht, daß er seinen exzessiven Lebenswandel auf Kosten seiner Eltern bestritt und allmählich auch sie in Gefahr brachte.

Da besprach sich eines Tages der Vater mit seinem älteren Bruder: „Du bist doch der Patenonkel unseres Sohnes. Wir wissen, daß wir ihn strenger hätten erziehen müssen, und es schmerzt uns sehr, daß wir immer so nachgiebig waren und unser Sohn nicht auf uns hören will. Alles Ermahnen und Schimpfen hilft nicht weiter.

Dich hat er doch immer sehr gern gehabt. Du hast sicher einigen Einfluß auf ihn. Willst du es nicht versuchen, ihn zur Umkehr zu bewegen, ehe er sich und uns in die Katastrophe stürzt? Ich würde dich nicht bitten es zu versuchen, wenn ich noch einen anderen Ausweg wüßte."

So machte sich der Patenonkel auf den weiten Weg und besuchte seinen Neffen, den er viele Jahre lang nicht gesehen hatte. Dem ehemals schönen und stattlichen jungen Mann waren deutlich die Zeichen seines ausschweifenden Lebens ins Gesicht geschrieben. Doch der Onkel verlor kein Wort darüber. Statt dessen sprachen sie über dies und das, die Freude des Wiedersehens, die Studienbedingungen in der fremden Stadt, und der Neffe war sichtlich bemüht, seinem Lieblingsonkel gefällig zu sein.

Als der Onkel am nächsten Morgen abreisen wollte, schienen seine Hände zu zittern und ihn sein Rücken zu plagen. „Ich werde allmählich alt. Die kleinsten Anstrengungen machen sich unangenehm bemerkbar. Würdest du mir bitte helfen, meine Schuhe zu schnüren?"

Gerne war ihm der Neffe behilflich.

„Du siehst, man wird jeden Tag älter und kraftloser. Darum gib gut auf dich acht, damit du das Leben lange genießen kannst."

Mit diesen Worten verabschiedete sich der Onkel, dem nicht eine Silbe des Tadels und des Vorwurfs über die Lippen gekommen war. Und doch veränderte von diesem Tage an der Neffe sein Leben.

26. *Entstellt*

Zum Meister kam eine Frau, die ihn um Rat fragte, da ihr Mann wegen seines Jähzorns und seines Geizes der Familie das Leben unendlich schwer machte.

Der Meister bat die Frau, ihren Mann zu ihm zu schicken. Der Mann war neugierig, was der Meister wohl von ihm wolle, und er ging zu ihm. Er war nicht schlecht erschrocken, als ihm der Meister mit drohender Gebärde die geballte Faust vor die Nase hielt.

„Wie würdest du die Faust benennen, die immer so aussähe?“ fragte der Meister.

„Entstellt, deformiert, verunstaltet“, sagte der Mann.

Dann öffnete der Meister die Hand, spreizte die Finger ab und fragte: „Und wie würdest du die Hand benennen, wenn sie immer so aussähe?“

„Entstellt, deformiert, verunstaltet“, sagte der Mann.

„Da du dies sehr wohl verstehst“, überlegte der Meister, „nehme ich an, daß du ein guter Mann bist. Du kannst gehen.“

In tiefem Nachdenken ging der Mann nach Hause und änderte sein Verhalten.

27. Das Wort des Menschen

Ein kluger Minister hatte seinem König viele Jahre treu gedient. Nach seinem Tode sollten seine beiden Söhne, die ebenso klug waren wie ihr Vater, auf Wunsch des Königs ebenfalls zu Ministern ernannt werden. Doch machtgierige und eifersüchtige Hofleute überlegten, wie sie dies verhindern könnten. Sie beschuldigten darum den Verstorbenen, er habe sechstausend Goldstücke bei ihnen ausgeliehen, und man könne die Söhne wohl nur dann mit dem angesehenen Amt betrauen, wenn sie zuvor die Schulden des Vaters beglichen hätten.

Die Söhne waren sich sicher, daß ihr bescheidener Vater nie und nimmer eine solch unvorstellbare Summe ausgeliehen hatte, und wenn sie ihr ganzes Erbe verkaufen würden, käme nicht soviel Gold zusammen. Sie ahnten wohl die ihnen gestellte Falle und baten den König, daß er ihnen bei Hofe eine Anstellung gebe. Auf Geheiß des neuen Ministers bekam jeder von ihnen einen geringen Posten, der eine wurde Türsteher, der andere Gärtner

Jeden Tag ging der König durch die Tür, an der der ältere Bruder Wache hielt. Wie die Brüder tags zuvor beschlossen hatten, sprach der ältere Bruder einmal den König an mit der Frage: „Herr, an Eurem Hofe gibt es sicher viele kluge Leute. Wenn mir einer von ihnen sagen könnte, was in der Welt das Höchste ist, wäre ich ihm sehr dankbar."

Der ganze Hofstaat geriet ins Grübeln, doch konnte keiner eine ausreichend befriedigende Antwort finden. Da ließ der König den Türsteher zu sich rufen und befahl ihm, jemanden ausfindig zu machen, der diese schwierige Frage beantworten könne. Der Türsteher meinte jedoch, daß seiner unmaßgeblichen Meinung nach nur der neue Gärtner in der Lage sei, eine solche Frage zu beantworten. Sofort wurde der Gärtner herbeizitiert, und der antwortete auf die ihm gestellte Frage: „Herr, das Höchste in der Welt ist das Wort des Menschen."

Diese Antwort beeindruckte alle sehr, und sie priesen den Gärtner als einen klugen Mann. Der König sprach: „Verlange, was du willst, es wird dir gewährt." Der Gärtner erbat sich zweitausend Goldstücke, die ihm sogleich herbeigeschafft wurden.

Als der König am nächsten Tag wieder durch die Türe schritt, fragte ihn der Türsteher: „Herr, Ihr habt zwar sehr schön gesagt, das Höchste in der Welt sei das Wort des Menschen, aber nun möchte ich doch gerne wissen, wo es denn zu finden ist."

Auch diese Frage führte zu Unstimmigkeiten bei den Hofleuten: die einen meinten, das Wort des Menschen sei nur bei den ehrlichen Menschen zu finden; andere meinten, nur bei den Reichen; wieder andere waren überzeugt, daß es nur den Mächtigen gehöre. So wurde wieder der Gärtner befragt, doch der sagte: „Bevor ich antworte, erbitte ich wiederum zweitausend Goldstücke." Die wurden ihm auch rasch aus der Schatzkammer herbeigeholt, denn alle waren begierig, seine Antwort auf diese schwierige Frage zu hören. Darauf sagte der Gärtner: „Herr, das Wort des Menschen lebt nicht bei denen, die bloß ehrlich sind, schon gar nicht bei denen, die bloß reich oder mächtig sind, sondern es lebt bei denen, die ihr gegebenes Wort halten und niemals brechen." Alle waren zufrieden und dachten über diese kluge Antwort nach.

Doch am nächsten Tag hielt der Türsteher den König wieder an und sagte: „Nun haben wir auf zwei schwierige Fragen zwei kluge Antworten gehört. Jetzt möchte ich nur noch eines wissen: Wovon ernährt sich das Wort des treuen Menschen?“

Da niemand am Hofe in der Lage war, die schwere Frage zu beantworten, wurde der Gärtner geholt, der wie zuvor zweitausend Goldstücke für die richtige Antwort verlangte. Als er sie erhalten hatte, sagte er: „Das Höchste in der Welt ist das Wort. Es lebt bei denen, die ihr Wort halten. Und es ernährt sich von der Geduld.“ Alle fanden diese Antwort sehr klug, und sie waren sehr zufrieden.

Der König war nicht wenig verwundert, als er am Tag darauf zum vierten Male von dem Türsteher angehalten wurde, nun mit der Frage: „Herr, Ihr habt auf alle drei Fragen kluge Antworten gefunden, doch nun sagt mir bitte noch, was das Wort bewirkt.“

Da auch diese Frage niemand der Anwesenden beantworten konnte, wurde der Gärtner geholt, der zum grenzenlosen Erstaunen aller dem König sechstausend Goldstücke zu Füßen legte und sprach: „Herr, nach dem Tode unseres Vaters hat uns der neue Minister fälschlich beschuldigt, ihm sechstausend Goldstücke schuldig zu sein. Dennoch wollen wir unsere angebliche Schuld begleichen. Doch bevor ich auf die letzte Frage eine Antwort gebe, bitte ich, den Lügner und Intriganten zu bestrafen.“

Sogleich enthob der König den treulosen Minister seines Amtes und ließ ihn in den tiefsten Kerker werfen.

Dann sprach der Gärtner: „Herr, das menschliche Wort ist das höchste in der Welt. Es lebt bei denen, die zu ihrem Wort unverbrüchlich stehen. Geduld ist seine Stärkung. Und es bewirkt, was weder Geld, Macht und Verstand jemals bewirken können.“

Als der König und alle Anwesenden so weise Worte aus dem Munde des jungen Mannes vernahmen, staunten sie sehr und alle lobten den König, als er die beiden klugen Brüder als seine neuen Minister willkommen hieß.

28. Günstig

Nach langem und beschwerlichem Weg erreichten die beiden Wanderer müde und hungrig endlich ein Dorf. Am Wirtshaus hing eine Tafel, auf der mit Kreide der Preis für das Gericht des Tages verzeichnet war.

„So ein Braten wäre mir jetzt gerade recht. Aber er ist viel zu teuer für uns“, seufzte der eine Wanderer.

„Wir machen ihn billig“, sagte selbstbewußt sein Kamerad.

„Willst du den Preis etwa abändern? Das gibt Ärger!“

„Viel einfacher“, bekam er zur Antwort. „Wir essen nichts und bezahlen nichts.“

29. Hilfsbereit

Ein Bauer brachte mit seinem Esel einen schweren Sack mit Korn zum Müller. Unterwegs rutschte der Sack vom Rücken des Esels und lag nun auf dem Weg. So sehr der Bauer sich auch bemühte, den Sack anzuheben, es gelang ihm nicht, denn er war für einen Mann alleine viel zu schwer. So blieb ihm nichts anderes übrig, als zu warten, daß jemand vorbei käme, der ihm helfen könne.

Nach gar nicht langer Zeit hörte er einen Reiter näher kommen, doch am liebsten hätte er sich in ein Mauseloch verkrochen, als er erkannte, daß der Reiter der Herr Graf aus dem nahe liegenden Schloß höchstpersönlich war. Viel lieber hätte er natürlich einen anderen Bauern um Hilfe gebeten oder einen Handwerksburschen, aber es schien ihm ganz unmöglich, einen so hochgestellten Herrn um Hilfe zu fragen.

Der Graf kam herangeritten, erkannte das Problem, stieg vom Pferd und sagte: „Wie ich sehe, hast du ein bißchen Pech gehabt, mein Freund. Da bin ich ja gerade rechtzeitig gekommen, um dir behilflich zu sein.“ Sprach's und faßte den Sack an einem Ende, der Bauer nahm das andere Ende, und gemeinsam hoben sie den Getreidesack auf den Rücken des Esels.

Immer noch fassungslos stammelte der Bauer: „Mein Herr, wie kann ich Ihnen das vergelten?“

„Nichts leichter als das“, sagte der Edelmann. „Wann immer du einen Menschen in Schwierigkeiten siehst, dann tue das gleiche für ihn.“

30. Spende

Ein reicher Handelsherr war in die Jahre gekommen, und es lag ihm nun am Herzen, etwas für sein Seelenheil zu tun. Er ließ einen herrlich geschmückten Wagen mit den wertvollsten Gütern seines Handelshauses beladen und zum nahegelegenen Kloster bringen. Seine Erwartungen, vom Abt des Klosters mit Begeisterung empfangen zu werden, wurden herb enttäuscht.

„Deine Gaben sind nicht das, was sie zu sein scheinen", beanstandete der Abt. „Rosenöl und Moschus sind nichts anderes als die Tränen der Rose und das Blut des Moschusstieres. An Tränen und Blut seine Freude zu haben ist Wahnsinn. Was ist schön am Duft des Räucherstäbchens, denn es ist eigentlich nur Rauch. Du lobst Seide und Samt, die doch im Grunde nur der Speichel einer Raupe sind. Ja selbst der wohlschmeckende, süße Honig ist nichts anderes als die Ausscheidung der armen Biene."

31. Aufrichtig

Ein Mann hatte die Gewohnheit, immerzu „Heil und Wohlergehen“ zu murmeln und auch anderen als Gruß darzubieten. Als man ihn fragte, wie er dazu komme, sich und allen anderen beständig „Heil und Wohlergehen“ zu wünschen, erzählte er seine Geschichte.

„Früher arbeitete ich als Lastträger. Eines Tages setzte ich mich völlig erschöpft in den Schatten eines Baumes und seufzte aus tiefstem Herzen: ‚Ach Gott, wenn du mir doch täglich nur zwei Brote geben würdest, ohne daß ich mich dafür dermaßen plagen müßte, dann wäre ich bis an mein Lebensende glücklich und zufrieden.‘

Vielleicht war ich kurz eingeschlafen, denn ich schreckte von plötzlichem Lärm in meiner Nähe auf. Zwei Männer rauften sich fürchterlich, und als ich dazwischenging, um die Streithähne zu trennen, bekam ich einen heftigen Schlag auf die Nase und ging blutend zu Boden.

Der Lärm hatte den Aufseher alarmiert, und er verhaftete die beiden Streithähne. Da er mich blutüberströmt dort liegen sah, war er der Meinung, daß auch ich an der Prügelei beteiligt gewesen wäre, und steckte mich wie sie ins Gefängnis.

Dort hielt man mich einige Zeit fest, und ich bekam täglich zwei Brote, für die ich nicht arbeiten mußte.

Als mir der Arrest schon bitter geworden war und die Ironie des Schicksals mir mein Begehren auf drastische Weise erfüllt hatte, hörte ich eines Nachts im Traum eine Stimme, die mir sagte: ‚Das hast du nun davon. Du hast um zwei Brote gebeten, aber nicht um Heil und Wohlergehen!‘

Als ich aus dem Schlaf erwachte, rief ich sofort: ‚Heil und Wohlergehen!', und der Wärter kam und sagte: ‚Lastträger, du bist frei und kannst gehen.' Wegen dieser Lektion wünsche ich allen Menschen und mir nur noch ‚Heil und Wohlergehen'."

32. Gute Wünsche

Ein König kam auf der Reise durch sein Land auch in die entlegenste seiner Provinzen. Auf dem großen Platz der Bezirkshauptstadt hatte sich eine große Menschenmenge eingefunden, um den König und sein stattliches Gefolge zu begrüßen.

Ein alter Mann drängte sich durch die vorderste Reihe und rief dem König zu: „Guter König, möge dir der Himmel ein langes Leben schenken, alle Schätze der Welt und zahlreiche Nachkommen!"

Der König zügelte sein Pferd und erwiderte ihm: „Danke für deine Wünsche. Du hast es sicherlich gut gemeint. Aber du täuschst dich, denn eine große Familie bereitet große Sorgen, viel Reichtum schafft viel Last, und ein langes Leben bringt eine unendlich lange Reihe von Enttäuschungen mit sich."

„Meine Wünsche sind aufrichtig und gut gemeint", entgegnete der Alte. „Wenn dir der Himmel eine große Familie beschert, in der alle Mitglieder ihre Pflichten gegeneinander erfüllen, welche Sorgen sind dann zu befürchten?

Besitzt du großen Reichtum und machst dir eine Freude daraus, ihn freiwillig unter die Armen und Bedürftigen deines Reiches zu verteilen, welche Last kann er dir bereiten?

Wenn in deinem Reiche die Vernunft herrscht, kannst du mit Freuden in der Gemeinschaft der Menschen wirken; wenn die Unvernunft Überhand gewinnt, kannst du dich zurückziehen und dich um deine Vervollkommnung kümmern – wie kann dich ein langes Leben dann enttäuschen?"

II. Dem wahren Glück begegnen

33. Kleinigkeiten

Jede Woche, wenn der Straßenkehrer auch vor ihrem Haus fegte, kam die Frau heraus, gab ihm ein Glas Limonade und ein Stückchen Gebäck. Er war ein netter alter Mann, dankte freundlich und nahm seine Arbeit wieder auf.

Eines Abends ertönte die Klingel, und der Straßenfeger stand vor der Haustüre. In der Hand hielt er ein Sträußchen Blumen und eine kleine Schachtel Pralinen. Er schien etwas nervös, als er der Frau sagte: „Das ist für Sie, liebe Frau, als Dank für Ihre Freundlichkeit."

„Aber das sollten Sie wirklich nicht tun", sagte die Frau etwas verlegen. „Ein Glas Limonade, das ist doch nichts."

„Mag sein, daß es nicht viel ist", sagte der Straßenfeger, „aber es ist mehr, als jeder andere getan hat."

34. Weitsichtig

In einem kleinen Haus mit einem großen Grundstück lebte ein Mann, der dort einen herrlichen Garten angelegt hatte. Obwohl der Mann infolge eines Unfalls vor einigen Jahren erblindet war, verbrachte er dennoch jede freie Minute in seinem Garten. Er pflanzte und bewässerte, pflegte den Rasen, beschnitt die Rosen und im Frühling, im Sommer und im Herbst bot der Garten ein prächtiges Bild voll der leuchtendsten Farben.

Einmal kam ein Besucher aus der Stadt vorbei, der im Dorf von dem blinden Gärtner gehört hatte.

„Sagen Sie mir, warum machen Sie das?" fragte der Städter. „Wie ich hörte, können Sie doch gar nicht sehen."

„Nicht das geringste!"

„Warum plagen Sie sich dann mit dem Garten ab? Was haben Sie denn von den Blumen, wenn Sie die eine Farbe nicht von der anderen unterscheiden können?"

Der blinde Gärtner lehnte sich an den Gartenzaun und sagte lächelnd zu dem Fremden: „Nun, es gibt einige gute Gründe: Ich habe Gartenarbeit immer gemocht. Sie nur deswegen aufzugeben, weil ich erblindete, schien mir kein ausreichender Grund zu sein. Ich kann zwar nicht sehen, was da wächst, aber ich kann tasten und fühlen. Ich kann die Farben zwar nicht sehen, aber ich kann den Duft der Blumen einatmen, die ich einpflanzte. Und ein weiterer Grund sind Sie."

„Wieso ich? Sie kennen mich doch gar nicht!"

„Sie persönlich kenne ich zwar nicht. Aber an schönen Tagen kommt manchmal jemand wie Sie hier vorbei und bleibt stehen. Wenn dieses Stückchen Erde nur ein verwildertes, heruntergekommenes Grundstück wäre, dann wäre Ihnen der Anblick unangenehm gewesen. Meiner Meinung nach gibt es keinen Grund, etwas nicht zu tun, nur weil es einem selbst auf den ersten Blick nicht allzu viel bringt, wenn es doch anderen ein wenig hilft."

„So habe ich das noch gar nicht gesehen", sagte nachdenklich der Besucher.

„Und außerdem", fuhr der blinde Gärtner lächelnd fort, „Leute kommen vorbei, freuen sich, bleiben stehen und halten einen kleinen Schwatz mit mir, ebenso wie Sie es gerade tun. Ich meine, das bedeutet eine ganze Menge für einen Menschen, der blind ist."

35. Elixier

Gautama Buddha erzählt in einem Sutra seinen Jüngern diese Geschichte:

„Ein Mann wanderte alleine durch das weite Land, als er hinter sich einen hungrigen Tiger bemerkte. Der Wanderer versuchte, dem Tiger zu entkommen und rannte los, so schnell, wie er noch nie in seinem Leben gelaufen war. Da kam er an eine Schlucht, über die keine Brücke führte. Schon konnte er die Gier in den Augen des heranjagenden Tigers erkennen, da blieb ihm nur die Schlucht als Ausweg. Sich an der Wurzel des wilden Weins festhaltend, schwang er sich über den Rand der Schlucht. Weiter hinabklettern konnte er nicht, da die Felswand keinerlei Halt bot und unten schon ein anderer Tiger auf die Beute wartete, die ihm zufallen würde. Von oben stieß ihm der wütende Tiger seinen stinkenden Atem ins Gesicht.

So hing er an der Wurzel des Weines zwischen Leben und Tod. Zwei Mäuse kamen aus ihrem Versteck hervor. Sie fingen an, die Weinwurzeln zu zernagen. In seiner Not sah der Mann sich um und sah eine rote, süße Erdbeere nur eine Armeslänge entfernt am Schluchtrand wachsen.

Mit einer Hand hielt der Mann sich fest, mit der anderen pflückte er die Erdbeere.

Nie aß er eine, die köstlicher schmeckte."

36. Erstaunen

In einer klaren Nacht betrachtet ein Weiser den funkelnden Sternenhimmel und ruft voller Begeisterung: „O Gott, wenn schon das Dach deines Gefängnisses so schön ist, wie herrlich muß dann erst das Dach des Paradieses sein!"

37. Bitternis

Ein Schüler beklagte sich beim Meister über das Unheil, das ihm widerfahren war.

„Du magst es jetzt vielleicht nicht glauben wollen", sagte der Meister, „aber die Widrigkeit, die du jetzt beklagst, kann auch dein Glück sein, wenn du dir den Diener aus der folgenden Geschichte zum Vorbild nimmst:

Ein mächtiger König gab einem seiner Diener eine seltene Frucht zu kosten. Der Diener probierte sie, zögerte und sagte dann, daß er in seinem ganzen Leben noch keine so köstliche Frucht gegessen hätte.

Nun war der König neugierig, nahm aus der goldenen Schale eine Frucht von derselben Sorte und probierte sie. Doch kaum hatte er hineingebissen, da verzog er angewidert das Gesicht. ‚Wolltest du mich zum Narren halten?' schrie er seinen Diener an.

‚Nichts lag mir ferner als das', entgegnete der Diener. ‚Doch habe ich schon so viele Wohltaten aus Eurer Hand erhalten, daß es mir nicht angebracht erschien, mich wegen ein wenig Bitternis zu beklagen.'

Erstaunt und erfreut über diese Antwort seines Dieners beschenkte der König ihn reichlich."

38. Wiederverwertung

Vor langer, langer Zeit, als die große Kathedrale gebaut wurde, kam ein unbekannter Handwerker zum Meister der Bauhütte und fragte, ob er seine Handwerkskunst einsetzen dürfe. Steinmetze hätten sie genug, sagte der Baumeister und wollte den Fremden abweisen. Er wolle doch keine Steine behauen, sage der Fremde, sondern er bitte um die Erlaubnis, eines der bunten Glasfenster gestalten zu dürfen. Wenn es sein müsse, zur Probe, sogar ohne Bezahlung.

Da willigte der Baumeister ein, auch wenn er vermutete, daß man am Ende das Glas des Fremden wieder werde ausbrechen müssen, um die Arbeit von einem Fachmann ausführen zu lassen.

In den folgenden Wochen kümmerte sich niemand mehr um den fremden Handwerker. Monatelang arbeitete er in einem provisorischen Verschlag, bis sein Fenster fertig war.

Dann kam der Tag, der ans Licht brachte, was so lange im Verborgenen geschaffen worden war: ein Kirchenfenster von unbeschreiblicher Schönheit, mit solch glühenden Farben, wie es niemand je zuvor gesehen hatte, prächtiger als alle anderen Fenster der Kathedrale. So einzigartig war das Fenster in seiner Leuchtkraft, daß Menschen von nah und fern kamen, um es anzuschauen.

„Aber woher hast du all das wunderbare, leuchtende Glas?" fragte der erstaunte und zugleich begeisterte Baumeister den Handwerker. Und der Fremde sagte: „Ach, ich fand hier und da ein Stück in der Nähe der anderen Werkstätten. Das Fenster ist gemacht aus den Glasresten, die von den anderen als unbrauchbar weggeworfen wurden."

39. Danken

Der Meister versäumte es nie, Gott zu danken, gleichgültig wie gut oder schlecht die Zeiten auch sein mochten.

Eines Tages, als ein wilder Sturm die Bäume schüttelte und der Regen sich wie aus Kübeln über die Gemeinde ergoß, rätselten die Schüler, was ihn bei diesem schrecklichen Wetter zu freudigen Dankesworten veranlassen könnte.

„O Gott", sagte der Meister, „heute ist hier ein wirklich unangenehmer Tag. Aber wir danken dir, Gott, daß nicht jeder Tag so schrecklich ist."

40. Rezept

Wie schaffen Sie das nur, immer so freundlich, ausgeglichen und zufrieden zu sein?" fragte die Reporterin den Mann, von dem die Öffentlichkeit wußte, daß ihn das Schicksal nicht gerade verwöhnt hatte.

„Das ist kein Geheimnis", antwortete der Mann. „Ich habe es nur sehr rasch gelernt, mit dem Unabwendbaren zu kooperieren."

41. Eigenleistung

Zwei Schüler gingen durch den Wald und sprachen über das Vertrauen, in Gott geborgen zu sein. Plötzlich hörten sie ein Rascheln im Gebüsch und erblickten einen Tiger.

„Nur keine Sorge", sagte der eine Schüler. „Der Allmächtige wird uns sicher beschützen."

„Nein, Bruder", sagte der andere Schüler, „laß uns davonrennen, so schnell wir können. Warum sollten wir Gott für etwas bemühen, was wir durch eigene Anstrengung erreichen können?"

42. Unbeschwert

Ein mächtiger Herrscher suchte nach einem vertrauenswürdigen Mann, dem er das gesamte Steuerwesen seines Reiches übertragen wollte. Er fragte alle seine Minister um Rat, doch niemand konnte die rechte Empfehlung geben. Schließlich erfuhr auch sein alter Lehrer vom Wunsch des Herrschers, und da er wußte, daß der Herrscher seine Menschenkenntnis zu schätzen wußte, sagte er zu ihm: „Wenn du genau das tun willst, was ich dir rate, dann wirst du den richtigen Mann für diese schwierige Aufgabe finden."

Der Herrscher sicherte ihm seine ganze Unterstützung zu. Und so wurden Boten in die Städte und Dörfer aller Landesteile ausgesandt und der Wunsch des Herrschers kundgetan.

Alsbald meldeten sich einige hundert junge Männer im Palast. Der Lehrer unterzog sie strengen Prüfungen und wählte aus der großen Zahl hundert Männer aus, die er dem Herrscher vorstellen wollte.

Die hundert Auserwählten wurden nach dem Bade in prunkvolle Kleider gehüllt und mußten auf dem Weg zur Audienzhalle durch einen langen, dunklen Korridor gehen.

Strahlend empfing sie die Pracht des versammelten Hofstaates, in dessen Mitte der Herrscher thronte. Der alte Lehrer erhob sich, ging auf die Auserwählten zu und sagte: „Der Herrscher wünscht, daß ihr für ihn tanzt!"

Schon hatte das Palastorchester die ersten Takte gespielt, doch neunundneunzig Auserwählte rührten sich nicht von der Stelle. Nur einer tanzte leichtfüßig zu den Klängen der Musik, die anderen standen mit hochroten Köpfen wie erstarrt.

Der Lehrer wies auf den Tänzer, verneigte sich vor seinem Herrscher und sagte: „Das ist der Mann, den du suchst."

Verwundert fragte der Herrscher, wie er sich dessen sicher sein könne.

„Ich habe die Fähigkeiten aller Männer, die sich auf den Aufruf hin gemeldet haben, sorgfältig geprüft. Von denen habe ich hundert mit dem größten Wissen ausgewählt. Über ihre Kenntnisse wußte ich nun Bescheid, nicht aber über ihren Charakter. Darum ließ ich sie in prächtige Gewänder mit weiten Taschen hüllen und durch einen dunklen Gang gehen, in dem überall goldgefüllte Truhen und Gefäße voller Edelsteine zum Zugreifen einluden. Und wie du erraten kannst, haben alle, die nicht tanzen können, sich reichlich an deinen Schätzen bedient. Und ihre mit Gold und Diamanten gefüllten Taschen sind jetzt so schwer, daß sie kaum laufen können. Nur der eine nicht, der tanzen kann. Er ist für das Amt der rechte Mann."

III. Wesentliches erkennen

43. Still werden

Der Meister verlangte von vier temperamentvollen Schülern, daß sie lernen sollten, ihre Zungen zu hüten. Er verordnete ihnen eine mehrtägige Meditationsübung mit absoluter Schweigepflicht.

Am ersten Tag sprach keiner. Schweigend nahmen sie ihre Mahlzeiten ein, schweigend versenkten sie sich in ihre Meditation, schweigend legten sie sich zum Schlafe nieder. Auch den zweiten Tag ihrer strengen Übung begannen sie schweigend. Doch absichtlich oder nicht: Der Hausdiener vergaß, einem Schüler den Tee einzugießen.

„He, wo bleibt mein Tee!" rief der Schüler ihm nach.

„Jetzt hast du dein Schweigen gebrochen!" lachte schadenfroh der zweite Schüler.

„Ihr Dummköpfe, wir wollten doch schweigen", ermahnte sie der dritte Schüler.

„Ich bin der einzige, der nichts gesagt hat", behauptete selbstzufrieden der vierte Schüler.

44. Nur bei mir

An einem grauen Wintertag langweilte sich der Besitzer eines schönen Gartens. Er beschloß, seinen Nachbarn, der ein großer Bücherfreund war und eine umfangreiche Bibliothek besaß, zu bitten, ihm ein Buch zu leihen.

Er besitze das gewünschte Buch, sagte der Bücherfreund, doch er verleihe grundsätzlich keine Bücher. Statt dessen schlug er dem Nachbarn vor, das Buch in *seiner* Bibliothek zu lesen.

Das Frühjahr kam, und damit fing auch die Gartenarbeit wieder an. Als es an der Zeit war, den Rasen zu schneiden, bat der Bücherfreund seinen Nachbarn, ihm doch den Rasenmäher auszuleihen, da sein eigenes Gerät defekt sei.

Den Rasenmäher könne er schon haben, sagte der Nachbar zum Bücherfreund, aber da er Rasenmäher grundsätzlich nicht ausleihe, möchte er ihn bitten, den Rasenmäher doch in *seinem* Garten zu benutzen.

45. Geduld

Ein Mann, der in eine ferne Stadt fuhr, um seine erste Stelle als Lehrer anzutreten, wurde von seinem Freund verabschiedet.

„Wenn du jetzt bald vor deiner Klasse stehen wirst, dann bedenke stets, was du im Umgang mit Schülern niemals vergessen darfst: Du mußt Geduld haben!" riet ihm sein Freund.

Der junge Lehrer versprach, den Rat zu beherzigen. Im Laufe des Gesprächs wiederholte der Freund seinen Rat noch dreimal. Als er jedoch ansetzte, seinen Rat, niemals die Geduld zu verlieren, zum vierten Mal mit Nachdruck zu empfehlen, rief der Lehrer verärgert: „Was nervst du mich mit deinem lächerlichen Ratschlag! Meinst du, ich hätte ihn beim ersten Mal nicht verstanden? Es ist doch absolut selbstverständlich, daß man im Umgang mit anderen Geduld üben muß!"

„Warum tust du es dann nicht?" seufzte der Freund.

46. Nutzlos

Ein junger Mann aus reichem Hause konnte sich lange für keine Berufsausbildung entscheiden. Händler zu werden war ihm nicht fein genug. Beamter wollte er auch nicht werden, um sich nicht vor Höhergestellten beugen zu müssen. Endlich entschloß er sich, bei dem berühmtesten Meister des Landes in die Lehre zu gehen, um die hohe Kunst des Drachentötens zu erlernen. Sieben Jahre dauerte die Ausbildung, und sie kostete ihn fast sein gesamtes Vermögen.

Er erhielt ein prächtiges Diplom. Einen Drachen bekam er aber nie zu Gesicht, und darum war er auch niemals in der Lage, seine Kunst auszuüben.

47. Davongekommen

Zwei Jäger sahen die Wildgänse am Himmel nach Norden ziehen. Ein Jäger legte eine Patrone ein und sagte: „Wenn ich eine Gans treffe, werde ich sie kochen, und wir werden ein gutes Essen haben."

„Du willst mir doch nicht ernsthaft vorschlagen, gekochte Wildgans zu essen! Wildgans muß gebraten werden, sonst schmeckt sie nicht!" entgegnete der andere Jäger.

So diskutierten sie eine Zeitlang, ob Kochen oder Braten besser wäre. Endlich einigten sie sich auf einen klassischen Kompromiß: die eine Hälfte zu braten und die andere Hälfte zu kochen.

Nur die Wildgänse haben nicht auf das Ende des Streites gewartet und sind weitergeflogen.

48. Unbekannt

Der Meister ruhte sich jeden Mittag ein wenig aus. Im Schlafe besuche er die alten Weisen, sagte er und berichtete zur Unterweisung, was er von ihnen erfahren hatte.

Der Lehrer wollte es ihm gleichtun, und auch er pflegte darum ein Mittagsschläfchen zu halten. Er erklärte seinen Schülern, daß er ins Traumland gehe, um wie der Meister den alten Weisen zu begegnen.

Eines schönen Sommertages war es sehr warm geworden, und auch die Schüler fielen ermattet in den Mittagsschlaf, statt ihren Pflichten nachzukommen.

Der Lehrer schimpfte sie aus, weil sie ihre Aufgaben vernachlässigt hatten.

„Aber wir sind doch nur wie Ihr ins Traumland gegangen, um die Worte der alten Weisen zu hören", erwiderte ein Schüler.

„Und was haben die alten Weisen euch gesagt?" fragte der Lehrer mit deutlichem Spott in der Stimme.

„Als wir im Traumland waren, fragte einer von den alten Weisen, wo wir herkämen. Wir nannten ihm den Namen unserer Schule, der ihnen doch bekannt sein müsse, da unser Lehrer schließlich jeden Nachmittag zu ihnen käme. Da sagten sie, daß sie unseren Meister kennen würden, unseren Lehrer allerdings noch nie gesehen hätten."

49. Billig

Der ältere von zwei Brüdern überließ seinem jüngeren Bruder die ererbte kleine Landwirtschaft und ging zu einem Meister, um den Pfad der Erleuchtung zu beschreiten.

Nach sieben Jahren kehrte er in sein Dorf zurück und besuchte seinen kleinen Bruder. „Verzeih mir meine Neugierde, großer Bruder", sagte dieser, „aber bitte sage mir, was hast du erreicht in all den Jahren, die du von uns fort warst? Bist du deinem großen Ziel ein wenig nähergekommen?"

„Komm mit zum Fluß", sagte der ältere Bruder. „Ich werde dir etwas zeigen."

Am Ufer des Flusses versenkte er sich in ein kurzes Gebet, und dann ging er über den Fluß bis ans andere Ufer.

Als der jüngere Bruder aus seiner staunenden Bewunderung erwachte, gab er dem Fährmann ein paar Pfennige und ließ sich ans andere Ufer übersetzen.

„Das war wirklich großartig", sagte er. „Aber ich will es noch nicht glauben, großer Bruder, daß all die Jahre strenger Abtötung weltlicher Einflüsse und Meditation der heiligen Schriften dir nichts weiter eingebracht haben sollen als dieses Kunststück, das nur ein paar Pfennige wert ist."

50. Genug

Ein Feldherr hat in vielen Eroberungszügen die Grenzen seines Reiches immer weiter ausgedehnt, bis es an das Land des mächtigsten Herrschers stößt. Der lädt den Eroberer zu einem prächtigen Staatsbankett ein.

Statt saftiger Braten und köstlicher Früchte läßt er dem Gast eine goldene Schale voller Perlen und kostbarster Edelsteine servieren.

„Aber Perlen und Edelsteine kann man doch nicht essen!“ ruft erstaunt der Feldherr aus.

„Das verwundert mich“, entgegnet der Gastgeber. „Ißt man denn in deinem Land keine Juwelen?“

„Ich esse nur zwei Brote am Tag, und das auch nicht immer. Für mich ist es jedenfalls genug“, antwortet der Feldherr.

„Wenn das stimmt, was du sagst, woran ich keinerlei Zweifel habe“, überlegt der Herrscher, „dann müßten die zwei Brote doch auch in deiner Heimat zu finden sein. Warum also bist du ausgezogen, um so viele Länder zu unterwerfen?“

51. Einfache Fragen

Der Meister fragt einen Mächtigen: „Was ist dir lieber: Die Sünde oder das Gold?“

„Das Gold ist mir lieber“, antwortet der Mächtige.

„Warum nimmst du dann die Sünde mit dir ins Jenseits und läßt das Gold zurück?“

52. *Nichts für nichts*

Ein Kind fragt einen Verkäufer, ob er Eiscreme und Schokolade habe.

„Natürlich habe ich Eiscreme und Schokolade", sagt der Verkäufer, „jede Menge sogar."

„Und was machst du mit der vielen Eiscreme und der vielen Schokolade?" fragt das Kind. „Würdest du mir vielleicht ein klein wenig davon umsonst geben?"

„Nein, auf gar keinen Fall. Weißt du denn nicht, daß man für nichts immer nur nichts bekommt? Da warte ich doch lieber, daß ein Käufer kommt, der auch bezahlt", antwortet der Händler.

Nachdenklich fragt das Kind: „Warum ißt du denn nicht selber alles auf? Kannst du durch den Verkauf noch etwas Schöneres bekommen?"

53. Vertrauen

Zwei Freundinnen waren in die Stadt gefahren, um in einem großen Kaufhaus Besorgungen zu machen. Nach ihrem Einkauf kamen sie an einer Boutique vorbei, in deren Schaufenster ein entzückendes Kleid ausgestellt war.

„Von einem solchen Kleid habe ich schon immer geträumt", schwärmte die eine Frau. „Die Gelegenheit darf ich mir nicht entgehen lassen. Du leihst mir doch sicher fünfhundert Mark, denn ich habe nicht mehr genug Geld dabei. Ende des Monats zahle ich es dir zurück."

Und sie hielt ihr Wort: Gleich am nächsten Zahltag gab sie der Freundin das geliehene Geld zurück.

Aber zwei Monate später bat sie ihre Freundin wieder um fünfhundert Mark. Sehr erstaunt war sie, als ihre Bitte abgelehnt wurde. „Ich bin schon einmal auf dich hereingefallen, ein zweites Mal wird mir das nicht passieren", erboste sich die Freundin.

„Ich soll dich hereingelegt haben? Habe ich dir das Geld nicht auf Heller und Pfennig zurückgezahlt, und zwar so pünktlich, wie ich es dir versprochen hatte?"

„Ja, das stimmt schon", sagte die Freundin. „Aber ich habe nie geglaubt, daß du es tun würdest!"

54. Überschätzt

Ein Schüler, der den Pfad der Erleuchtung studierte, glaubte fest an die Macht seines geistigen Lehrers. Einmal kam er an einen Fluß, über den keine Brücke führte und kein Fährmann seine Dienste anbot.

Da konzentrierte sich der Schüler auf seinen verehrten Lehrer und schritt über das Wasser, einfach indem er den Namen seines Meisters aussprach.

Diese Begebenheit kam dem Lehrer zu Gehör. Er überlegte, daß es für ihn, den Meister, doch auch möglich sein müßte, ein Wasser zu überschreiten, wenn es bereits einem einfachen Schüler gelänge, indem er nur den Namen des Meisters ausspricht. „Wenn schon mein Name eine solche Macht hat, dann wird es mir selbst doch erst recht möglich sein, denn wie machtvoll muß ich sein?"

Der Lehrer ging an das Ufer eines Sees. In Erwartung der großen Tat holte er tief Luft, schritt zuversichtlich aufs Wasser zu, rief dabei: „Ich, Ich, Ich!" und ertrank.

55. Egoistisch

Vier Bettler hatten den ganzen Tag an verschiedenen Ecken des kleinen Dorfes ihre Bettelschalen den vorübergehenden Leuten hingehalten. Als der Abend kam, ging ein jeder von ihnen zu der kleinen windschiefen Hütte am Dorfrand, die ihnen als Unterkunft diente. Erschöpft vor Hunger hockten sie um das kleine Feuer, das die Dunkelheit kaum erhellte.

Nun war es an dem Tag so gekommen, daß der erste Bettler nur ein einziges Stückchen Fleisch erhalten hatte. Dem zweiten Bettler war etwas Gemüse in seine Schale gegeben worden. Der dritte Bettler hatte ein paar Gewürze bekommen, und der vierte Bettler hatte einige Handvoll Reis in seiner Schale.

Da saßen die Bettler nun im Zwielicht ihrer Hütte, murrten wegen der geringen Gaben, redeten hin und her, bis einer von ihnen vorschlug, wenn jeder von ihnen seine Gabe in den Topf mit kochendem Wasser gäbe, dann hätten sie in kurzer Zeit eine feine Suppe, die jeden von ihnen satt machen würde.

Der Vorschlag wurde begeistert aufgenommen. Das Wasser wurde geholt und der Topf über die Feuerstelle gehängt. Dann saßen sie wieder um das Feuer herum, ein jeder in Erwartung einer köstlichen heißen Suppe.

Dem ersten Bettler kam der Gedanke, daß wenn die anderen Reis, Gemüse und Gewürze in den Topf gäben, doch für ihn selbst eigentlich keine Notwendigkeit bestünde, auch noch sein kleines Stück Fleisch dazuzugeben. Darum wollte er, wenn das Wasser zu kochen begänne, zwar so tun, als ob er das Fleisch in den Topf gäbe und nachher auch bestätigen, was das doch für eine kräftige Suppe sei. Sein Stückchen Fleisch wolle er aber doch für sich behalten.

Als das Wasser kochte, tat er so, als gäbe er sein Fleischstückchen ins Wasser, und der zweite Bettler tat es ebenso mit seinem Gemüse, der dritte mit seinen Gewürzen und der vierte mit seinem Reis, und jeder bestätigte, daß er all sein Hab und Gut für diese köstliche Suppe gespendet hätte.

Im Dorf erzählt man, daß es in dieser Nacht ein großes Geschrei und einen heftigen Streit in der Hütte der Bettler gegeben habe, als sie den Topf vom Feuer nahmen und feststellten, daß nichts darin war als heißes Wasser.

56. Aufnahmebereitschaft

Ein Einheimischer und ein Einwanderer aus einem fernen Land gerieten in ein heftiges Wortgefecht über richtiges Verhalten. Das Café, in dem sie saßen, wollte schließen, und darum sagte der Fremde: „Komme mit zu mir, dann können wir unsere Diskussion fortsetzen."

Dem Einheimischen fiel es nicht ganz leicht, seine unausgesprochenen Bedenken gegen diese Einladung zurückzustellen, doch er ging mit.

Der Fremde servierte Tee und goß das Glas seines Gastes voll. Doch er hörte nicht auf zu gießen.

Der Einheimische wunderte sich und rief: „Hör' doch auf zu gießen. Es läuft alles über, mehr geht nicht rein!"

„Du bist wie dieses Glas Tee", sagte der Einwanderer. „Du bist bis zum Rand gefüllt mit Selbstgerechtigkeit und Vorurteilen. Was soll ich dir von anderen Kulturen und Wertvorstellungen erzählen, bevor du dein Glas nicht geleert hast?"

57. Ausdauer

Ein amerikanischer Millionär bewunderte den prächtigen Rasen eines Gärtners in Oxford.

„Einen herrlichen Rasen haben Sie. Ich bin ganz versessen darauf, auch so einen Rasen bei mir in Chicago zu haben. Können Sie mir einen Tip geben?"

Der alte Gärtner schaute lächelnd zu ihm und sagte: „Sie brauchen etwas von unserer guten Muttererde."

„Kein Problem", sagte der Reiche. „Ich gebe Anweisung, gleich ein paar hundert Tonnen davon zu verschiffen."

„Und natürlich unseren guten Rasensamen", sagte der Gärtner.

„Natürlich", sagte der Millionär. „Lasse ich kaufen."

„Dann müssen Sie dafür sorgen, daß der Boden sehr gleichmäßig verteilt und gut gewässert wird", erklärte der Gärtner. „Wenn die Saat ausgebracht ist, muß der Boden gewalzt werden. Dann braucht er einen guten Schnitt. Danach muß geschnitten und gewalzt werden, im Frühling und im Sommer. Unkraut ist zu entfernen. Der Boden muß gelüftet und gewalzt werden. Und dann wieder geschnitten. Immer so weiter."

„Und wie lange muß man das machen, das Schneiden, Lüften und Walzen?" fragte der Amerikaner.

„Naja", sagte der Gärtner bedächtig, „wenn Sie einen wirklich erstklassigen Rasen haben wollen, so an die zweihundert Jahre werden reichen."

58. Bedeutung

Ein Maler aus dem Volk der Chicksaw-Indianer erschien in traditioneller Stammeskleidung zur Eröffnung der Ausstellung seiner Bilder. Um den Hals trug er eine beeindruckende Kette aus Zähnen.

Eine der kunstinteressierten Damen fragte ihn, was das für Zähne seien, die er da um den Hals trage, und der Indianer sagte ihr, daß die Kette aus den Zähnen von Alligatoren gemacht sei.

„Ich vermute", sagte die Dame, „daß Ihnen die Kette soviel bedeutet, wie unsereins eine Kette aus Perlen."

„Nicht ganz", entgegnete der Indianer, „denn es ist für einen Mann keine große Sache, Perlen aus einer Austernmuschel zu nehmen."

59. Selbstverleugnung

„Übertriebenes Selbstvertrauen ist genau so schädlich wie falsch verstandene Selbstverleugnung", sagte der Meister und erzählte dazu die Geschichte von dem Mann, der sich neue Schuhe kaufen wollte.

Der Mann legte ein Blatt Papier auf den Schemel, stellte seinen Fuß aufs Papier, nahm einen Bleistift und zeichnete den Umriß nach, erst den linken, dann den rechten Fuß.

Als er zum Markte kam, auf dem Schuhe angeboten wurden, stellte er fest, daß er seine Zettel mit den Maßen auf dem Schemel liegengelassen hatte. Unverzüglich eilte er zurück, um seine Maße zu holen. Als er jedoch wieder auf dem Markte ankam, mußte er feststellen, daß alle Schuhe verkauft waren und der Händler gerade seinen Stand abbaute.

„Warum hast du dir denn die Schuhe nicht gleich hier angepaßt und bist erst wieder zurückgelaufen?" fragte der erstaunte Händler.

„Nun darum", sagte der Mann, „weil ich dem Zettel mit den Maßen mehr vertraue!"

60. Gleichgestellt

Der Inhaber einer großen Fabrik wunderte sich, warum einer seiner Arbeiter es ihm gegenüber immer an der nötigen Ehrerbietung vermissen ließ. Während alle seine Angestellten und Arbeiter jedesmal, wenn er in ihre Nähe kam, sofort ihr Gespräch oder ihre Tätigkeit unterbrachen und sich tiefster Verbeugungen befleißigten, setzte dieser eine Arbeiter unbekümmert seine Tätigkeit fort und grüßte höchstens mit einem leichten Nicken.

Eines Tages sprach der Fabrikbesitzer ihn an. „Sagen Sie mal: Ich bin Ihr Arbeitgeber. Ich bin reich, Sie sind arm, warum ehren Sie mich nicht?"

„Sie sind reich, haben viel Geld und geben mir für meine Arbeit kaum etwas davon ab. Warum sollte ich Sie ehren?" erwiderte der Arbeiter.

„Und wenn ich Ihnen den vierten Teil meines Vermögens geben würde, würden Sie mich dann ehren?" fragte der Fabrikbesitzer.

„Warum sollte ich Sie ehren, denn das wäre immer noch nicht gerecht geteilt?" entgegnete der Arbeiter.

„Nehmen wir mal an, ich würde Ihnen die Hälfte geben."

„Na, dann wären wir gleichgestellt – warum sollte ich Sie dann ehren?"

„Aber wenn ich Ihnen mein ganzes Vermögen geben würde, dann würden Sie mir ganz sicher die Ehre erweisen!"

„Wenn ich Ihr ganzes Geld hätte, hätte ich es doch ganz gewiß nicht nötig, Ihnen mit Ehrerbietung zu begegnen."

61. Verkannt

Talent ist nur eine Voraussetzung und nicht schon die Meisterschaft selbst", sagte der Meister und erzählte die Geschichte vom Raben.

Der Rabe hielt sich für einen hervorragenden Sänger. Aber immer, wenn er seine Stimme erhob und lauthals erschallen ließ, bekam er Ärger mit den Leuten, die ihn entweder beschimpften oder ihm zuriefen, er möge endlich den Schnabel halten. So hatte der Rabe sich seine Karriere nicht vorgestellt. Lautstark verkündete er allen seinen Bekannten, daß er dieser Stadt, in der niemand echtes Talent zu schätzen wisse, den Rücken kehren werde.

„Wo willst du denn hin?" fragte die Lerche, die als Sängerin beim Publikum sehr beliebt war.

„Ich gehe in die Hauptstadt. Da gibt es das aufgeschlossenste Publikum. Die Leute hier mögen meine Art zu singen überhaupt nicht", antwortete der Rabe.

„Vielleicht solltest du deinen Stil ändern und es erst zur Meisterschaft im Einsatz deiner Stimme bringen", empfahl die Lerche. „Ich wüßte nicht, warum dich die Leute in der Hauptstadt sonst mehr mögen sollten, als die Leute hier."

62. *Wofür man kämpft*

Während des letzten Krieges beanspruchten einige Offiziere, in einem Kloster Quartier zu nehmen. Als ihnen das gleiche karge Essen aufgetragen wurde, das die Mönche zu essen pflegten, meinte einer der Offiziere, sich empören zu müssen. Er war der Ansicht, die bevorzugte Behandlung, die sie gewohnt waren, auch hier erwarten zu können.

„Was glaubt ihr eigentlich, wen ihr vor euch habt?“ rief er zornentbrannt. „Wir sind Soldaten. Wir opfern unseren Leib und unser Leben für unser Land, damit ihr und der Rest der Bevölkerung in Frieden leben könnt. Also behandelt uns gefälligst besser.“

„Und wofür haltet ihr uns?“, fragte der Abt mit leiser Stimme. „Wir sind auch Soldaten. Aber wir sind Soldaten der Menschenliebe. Und im Gegensatz zu euch ist es unsere Aufgabe, alle Lebewesen zu retten. Warum sollten wir euch also besser behandeln als uns selber?“

IV. Erstaunliches entdecken

63. Goldfinger

Ein armer Mann hauste mit seiner Familie in einer kleinen Waldhütte. Sein kärgliches Brot verdiente er sich als Holzsammler. Er band das Holz zu Bündeln und verkaufte es in den nahegelegenen Dörfern.

Eines Tages war er tief in den Wald eingedrungen, als er die Schreie eines Tieres in höchster Not vernahm. Er eilte hinzu und fand ein Reh, das mit einem Bein in eine schmale Felsspalte geraten war, aus der es sich nicht befreien konnte.

Der arme Mann dachte sich, daß ihm das Reh vom Himmel geschickt sei, denn wenn er es nun erlegen würde, hätte der Hunger in seiner Familie für lange Zeit ein Ende. Aber er brachte es nicht über sich, das hilflose Reh zu töten. Statt dessen befreite er behutsam den Lauf des Rehes aus der Felsspalte, und rasch verschwand das Reh im Wald.

Recht nachdenklich sah der Holzsammler dem Reh nach, als er neben sich eine feine Stimme hörte, die ihn ansprach.

„Ich bin der Geist des Rehes, das du befreit hast. Ich habe deinen Konflikt wohl verstanden, und ich weiß von deiner Armut. Darum will ich mich dir dankbar erweisen."

Der Geist deutete mit dem Finger auf einen großen Stein, der sich sofort in Gold verwandelte. Den schenkte er dem Holzsammler. Der schüttelte nur den Kopf.

„Gut, du sollst noch einen Goldklumpen haben“, sagte der Geist. Er deutete mit einem Finger auf einen anderen, noch größeren Stein, der sich auch sofort in Gold verwandelte. Doch wieder schüttelte der arme Mann den Kopf.

„Bist du denn noch immer nicht zufrieden?“ fragte der Geist. „So viel Gold hat nicht einmal der König in seiner Schatzkammer. Was willst du denn noch mehr?“

„Deinen Finger möchte ich haben“, sagte der arme Mann.

64. Schwer erträglich

In einem Dorf lebte ein Mann, der als der stärkste Athlet seiner Zeit galt. Kein anderer Mann übertraf ihn an Körperkraft, niemand war wie er in der Lage, zwei Ochsen, die in entgegengesetzte Richtungen zogen, mit der Kraft seiner Arme zusammenzuhalten und niemand konnte so schwere Gewichte heben wie er.

Eines Tages waren die Dorfbewohner sehr verwundert, als sie ihren Helden schäumend vor Wut auf dem Marktplatz trafen. Ein Fremder, der hinzutrat, fragte einen Einheimischen, warum ihr berühmter Athlet denn so außer sich sei.

„Ach, er regt sich nur über eine Bemerkung auf, die ihn angeblich beleidigt hat", bekam er zur Antwort.

„Wirklich erstaunlich", meinte der Fremde, „daß so ein kräftiger Mann, der die schwersten Gewichte tragen kann, nicht in der Lage ist, das Gewicht eines unfreundlichen Wortes zu ertragen."

65. Sicherheitshalber

Es gibt keine absolute Sicherheit im Leben", sagte der Meister. „Und wer allzu ängstlich um seine Sicherheit besorgt ist, kommt vielleicht gerade dadurch ums Leben, wie die Geschichte von dem ängstlichen Statthalter erzählt:

Ein Statthalter, der sein hohes Amt nur seiner vornehmen Abstammung zu verdanken hatte, galt als ein rechter Hasenfuß. Ständig sah er sich von möglichen Gefahren bedrängt, überall vermutete er Hinterlist und Attentäter. Nur dem Hauptmann seiner persönlichen Leibwache wagte er sich anzuvertrauen.

Der Fürst des Nachbarlandes sah in der Schwäche des Statthalters seinen Vorteil. Wenn er ihn besiegen oder vertreiben würde, könnte er beide Gebiete zusammenlegen und zu seinem Vorteil verwalten, seine Macht und sein Einfluß bei Hofe würden mit der Größe seines Bezirkes steigen. Also rüstete er zum Kampf.

Als der Statthalter die Nachricht erhielt, daß das Heer des Nachbarlandes gegen seine Burg marschierte, zog er alle seine Soldaten zur Verteidigung zusammen, ließ die Zugbrücke hochziehen und die Wehranlagen bemannen. Er selbst verriegelte und verschloß die starke eichene Tür zu seinem Gemach.

Bald hatten die Feinde die Burgmauern gestürmt und drangen weiter vor. Der Hauptmann der Leibwache überbrachte dem ängstlich zitternden Statthalter die schlechten Nachrichten. Rasch stieg der Statthalter in eine eichene Truhe, die mit starken Eisen beschlagen war, und verlangte von seinem Hauptmann: ‚Schließe die Truhe gut von außen ab. Verstecke sie im hintersten Winkel meines Gemachs. Schließe dann auch die Eingangstüre sicher von außen zu und verstecke die Schlüssel, daß der Feind sie nicht bei dir finden möge.'

Der treue Hauptmann führte alle Befehle seines ängstlichen Herrn sorgfältig aus. Dann wehrte er sich heftig gegen den anstürmenden Feind und fiel im Kampfe. Die Schlüssel wurden zufällig Jahre später entdeckt."

66. Erleuchtung

Manch einer zündet die Lampe an, um die Sonne zu sehen", sagte der Meister und erzählte von der Frau, die ihren Mann bat, er möge doch die Streichhölzer nehmen und die Kerze anzünden. Als nichts passierte, wiederholte sie laut rufend ihren Wunsch.

„Es ist so dunkel, daß ich die Streichhölzer nicht finden kann!" entgegnete ihr Mann. Nach einer Weile rief er: „Zünde du doch die Kerze an, dann werde ich die Streichhölzer sicher finden."

67. Gründlich

Ein Anwalt wollte sich einen Esel kaufen, um seine Klienten besuchen zu können, die in einem großen Umkreis wohnten. Er ging zum Markt, fand nach einigem Suchen ein Tier, das seinen Vorstellungen entsprach, und wurde mit dem Verkäufer handelseinig. Doch statt den Verkauf wie üblich mit einem Handschlag zu besiegeln, setzte sich der Anwalt auf eine Kiste, zog einen Stapel weißer Blätter hervor und begann eifrig zu schreiben. Vier Seiten hatte er schon eng beschrieben, doch der ungeduldige Verkäufer hatte das Wort „Esel“ immer noch nicht in dem ungewöhnlichen Kaufvertrag entdecken können.

„Warum schreibst du nicht einfach: Beide, ich und du, sind wir unseren Verpflichtungen nachgekommen. Der Kaufpreis ist einvernehmlich ausgehandelt. Ich habe dein Geld erhalten und du meinen Esel. Gekauft wie gesehen. Was schreibst du denn nur so viel zu einer ganz einfachen Sache?“ drängte der Verkäufer.

„Nur ein klein wenig Geduld“, erwiderte der Anwalt, „zum Esel komme ich gleich.“

68. Zufrieden

Ein reicher Bauer kümmerte sich sehr um seinen Hof und seine Felder, seine Knechte und seine Tiere. Nach zwei Schlechtwetterperioden und mageren Ernten mußten alle den Gürtel enger schnallen. Der Bauer versammelte die Mägde und Knechte um sich und sagte:

„Nach den guten Jahren müssen wir jetzt alle etwas kürzer treten. Darum habe ich beschlossen, daß ihr ab jetzt jeden Morgen nur noch zwei Laibe Brot und zwei Kannen Kaffee erhaltet. Abends bekommt ihr drei Brote und drei Kannen Wein."

Da fingen sie an zu murren: Es sei nicht gerecht, daß sie bei ihrer schweren Arbeit plötzlich mit so wenig auskommen sollten, wo sie doch immer so viel essen und trinken konnten, wie es ein jeder gebraucht habe.

Um jeden Aufruhr zu vermeiden und das gute Einvernehmen mit den Angestellten wieder herzustellen sagte der Bauer: „Nun gut, auch wenn es mir in diesen Zeiten schwerfällt, so sollt ihr morgens drei Brote und drei Kannen Kaffee und abends zwei Brote und zwei Kannen Wein erhalten. Damit solltet ihr aber wirklich zufrieden sein!"

Mit der Gewißheit, daß ihr Widerstand den Bauer zu ihrem Vorteil nachgeben ließ, machten sie sich mit großer Befriedigung wieder an die Arbeit.

69. Fallengelassen

Es war die große Leidenschaft eines Herrschers, prächtige Bauten errichten zu lassen, die dem Gemeinwohl dienen sollten. Damit wollte er der Nachwelt Zeugnis von der glücklichen Epoche seiner Regierungszeit geben.

Eines Tages kam ein Minister, der sich bei ihm einschmeicheln wollte, mit einem großartigen Vorschlag zu ihm. „Exzellenz", sagte der Minister mit tiefer Verbeugung, „erlaubt mir, einen Vorschlag unterbreiten zu dürfen, der Euren Ruhm mehren, das Gemeinwohl bereichern und die Arbeitslosigkeit abschaffen wird."

Mit einer Geste forderte der Herrscher ihn auf, seinen genialen Plan darzulegen.

„Laßt den großen See trockenlegen, und Ihr werdet fruchtbares Land dazugewinnen, so groß wie eine ganze Provinz."

Der Herrscher war begeistert. „Eine sehr gute Idee, absolut brillant! Doch sage mir: Wohin mit der riesigen Menge des Seewassers?"

„Nichts leichter als das", sagte der Minister. „Laßt gleich neben dem heutigen See ein gleichgroßes Seebecken graben, und das Problem ist gelöst."

Der Herrscher ließ nicht nur den Plan, sondern auch seinen Minister fallen.

70. Gehörnt

Nach getaner Arbeit und dem reichlichen Abendessen war noch eine Flasche Wein übrig. Für jeden der Erntehelfer, die um den langen Tisch versammelt waren, hätte sich wohl nur ein winziger Schluck ergeben, wenn ihr Inhalt verteilt worden wäre. Darum sagte der Bauer: „Wer am schnellsten eine Hirschkuh zeichnen kann, der gewinnt die ganze Flasche."

Ein Student aus der Stadt hielt sich im Zeichnen für unschlagbar. Die Leute vom Land hatten ihn ohnehin den ganzen Tag gehänselt, weil er, der mit der Feldarbeit ein wenig Geld für sein Studium verdienen mußte, sich dabei nicht immer sehr geschickt angestellt hatte. Schnell ritzte er mit einem Stock den Umriß einer Hirschkuh in den Sand und langte mit der Linken schon nach der Flasche Wein. Aber da alle anderen noch fleißig zeichneten, ritzte er seiner Hirschkuh noch ein schönes Geweih auf den Kopf.

Inzwischen war aber noch jemand mit seiner Zeichnung fertiggeworden, nahm ihm flugs die Flasche weg und rief unter dem lauten Gelächter der Umstehenden: „Es gibt leider keine Hirschkühe mit Geweih. Warum verschenkst du den Sieg und malst dem armen Tier Hörner auf den Kopf?"

Er entkorkte die Flasche und genoß den Wein und den Sieg.

71. Schuldfrage

Ein Bauer wollte zwei Körbe mit Äpfeln verkaufen. Er lieh sich den Esel seines Nachbarn aus, lud ihm die Körbe auf und ritt zum Markt in die nahe Stadt. Gegen Mittag hatte er bereits alle seine Äpfel verkauft, und weil er guter Stimmung war, genehmigte er sich ein Gläschen Wein.

Auf dem Weg zurück in sein Dorf überkam ihn eine große Müdigkeit. Er legte sich in den Schatten eines Baumes und schlief ein. Den Esel gelüstete es nach frischem Gras. Sorglos grasend entfernte er sich immer weiter von dem schlafenden Bauern. Darauf hatte der Wolf nur gewartet: Hinter dichten Büschen sprang er den Esel an und fraß ihn auf.

Als der Bauer ohne Esel sein Dorf erreichte, war der Jammer groß. Natürlich verlangte der Nachbar von dem Bauern Schadensersatz. Der Bauer war jedoch der Meinung, ihn träfe keine Schuld, wenn ein Esel fortliefe und sich fressen ließe. Darum gingen die Kontrahenten zum Dorfältesten, der als ein weiser und frommer Mann angesehen war. Er sollte entscheiden, wer für den Schaden aufzukommen habe.

Lange saß der Alte grübelnd da. Nach einer Weile erhellte sich seine Miene, und er verkündete sein weises Urteil: „Offenbar muß der zahlen, der den Wolf frei herumlaufen ließ."

72. Vorausschauend

Ein Mann, der durch seine erfolgreiche Arbeit zu viel Geld gekommen war, wollte endlich seiner Leidenschaft für alte Bücher nachgeben. Er bat einen Antiquar, ein wertvolles Buch für ihn zu ersteigern.

„Aber das Buch ist nicht so wertvoll wie Sie meinen!" riet ihm der Antiquar ab. „Der Einband ist beschädigt, einige Seiten sind stockfleckig, es fehlen sogar mehrere Holzschnitte, die irgendwann aus dem Werk herausgetrennt wurden."

„Steigern Sie trotzdem mit. Wenn man erfährt, daß ich bereit bin, für dieses Werk eine solch große Summe zu bezahlen, wird man mir bald die wirklich wertvollen Werke anbieten."

Und in der Tat hatte er in kurzer Zeit eine äußerst erlesene Bibliothek aufgebaut, der seine ganze Freude galt und unter Bibliophilen hohes Ansehen genoß.

73. Wirkung

Montags kam der Zivildienstleistende zu der alten Dame. „Guten Morgen", wünschte er fröhlich, „wie geht es Ihnen?"

„Gut. Keine Beschwerden", war die Antwort.

„Dann waren Sie gestern sicherlich außer Haus?" erkundigte sich der Zivi.

„Ja, natürlich. Ich war in der Kirche. Zweimal sogar: morgens im Gottesdienst und abends in der Andacht."

„Na, Sie werden ja eine richtige Heilige werden, wenn Sie so weitermachen. Wie war denn die Predigt?"

„Die Predigt war gut. Der junge Pfarrer predigt immer gut."

„Worüber hat er denn gesprochen?"

„Gesprochen? Da muß ich kurz nachdenken ..."

„Vergessen, nicht wahr?" hänselte der junge Mann.

„Es war eine sehr gute Predigt", entgegnete die alte Dame mit Nachdruck.

„Da bin ich ganz sicher. Und welcher Text wurde in der Abendandacht gelesen?" bohrte der Zivi weiter.

„An den Inhalt kann ich mich jetzt nicht erinnern, aber ich bin mir sicher, der Text war aus dem Johannes-Evangelium. Er fällt mir gleich wieder ein ..."

Amüsiert und mit einer Miene wie ein alter weiser Lehrer schüttelte der junge Mann den Kopf: „Wohl wieder alles vergessen, junge Frau? Ich frage mich, was es für einen Sinn haben soll, zweimal am Sonntag in die Kirche zu laufen und all die frommen Worte bereits am Montag schon wieder vergessen zu haben. Warum machen Sie es sich nicht lieber zu Hause gemütlich und ..."

„Würden Sie mir einen Gefallen tun?“ unterbrach die alte Dame ruhig seine Sticheleien. „Nehmen Sie bitte den alten Korb, stellen Sie ihn unter den Wasserhahn und tragen ihn gefüllt hinüber zu den Rosen.“

Der junge Mann lachte laut auf. „Damit können Sie mich doch nicht hereinlegen. Ich könnte noch solange warten, es wäre doch kein Tropfen Wasser in dem Korb, wenn ich ihn zu den Rosen bringen wollte.“

Die alte Dame lächelte. „Vielleicht haben Sie ja recht“, sagte sie sanft. „Vielleicht haben Sie wirklich recht und es bleibt kein Tropfen Wasser im Korb – aber der Korb wäre ein bißchen sauberer.“

74. *Zielgerichtet*

Über Nacht war der erste Schnee gefallen und hüllte die ganze Landschaft unter eine dicke, weiße Decke.

Zwei Jungen wetteiferten miteinander, wer von ihnen wohl in geradester Linie quer über die große Wiese bis zum Schultor gehen könnte.

„Nichts leichter als das!" sagte der eine Junge und schaute auf den Boden, um auch ja sorgsam einen Fuß vor den anderen zu setzen. Doch als er fast die halbe Strecke geschafft hatte und den Kopf hob, stellte er auf seine Spur zurückblickend fest, daß seine Fußstapfen in einer großen Zickzacklinie durch den Schnee führten.

„Mach du es doch erst mal besser!" rief er seinem wartenden Freund zu.

„Nichts leichter als das!" rief er zurück, und das Schultor mit erhobenem Kopf fest in den Blick nehmend, stapfte er drauflos, bis er sein Ziel erreicht hatte. Seine Spur durch den Schnee verlief in einer geraden Linie.

75. *Kurzzeittherapie*

Eine Frau wurde von schrecklichen Gewissensbissen gequält, weil sie nach langer Zeit ihren Verlobten verlassen hatte und nun mit einem anderen Mann zusammenlebte. Jede Nacht erschien ihr der ehemalige Partner im Traum und machte ihr Vorhaltungen. Auch war er über ihr Verhalten genau informiert. Nacht für Nacht zählte er ihr auf, was sie tagsüber getan hatte, ja er kannte ihre geheimsten Gedanken und spielte sie gnadenlos gegen sie aus. Völlig erschöpft erwachte sie aus solchen Alpträumen. Der Schlafmangel führte zu steigender Nervosität und Konzentrationsschwäche.

Völlig entnervt suchte sie einen Psychotherapeuten auf, dem sie ihr Problem schilderte.

„Da Ihr früherer Verlobter Sie so genau zu kennen scheint, daß er sogar Ihre Gedanken gegen Sie benutzt, werden Sie zu einer kleinen List greifen müssen", empfahl der Therapeut. „Schließen Sie eine Wette mit ihm ab: Da er doch über alles, was Sie betrifft, genau Bescheid weiß, soll er Ihnen eine kleine Frage richtig beantworten. Sichern Sie ihm zu, wenn er das kann, würden Sie Ihr Verhältnis lösen und zu ihm zurückkehren."

Etwas irritiert fragte die Frau, wie die Zauberformel denn laute, die sie von ihren Alpträumen befreien könne.

„Greifen Sie in den Erbsentopf und nehmen Sie eine Handvoll heraus", sagte der Therapeut. „Dann fragen Sie den Quälgeist, wieviele Erbsen Sie in der Hand halten. Wenn er die Frage nicht beantworten kann, wissen Sie, daß der Quälgeist nur eine Erscheinung Ihrer Einbildung ist, und er wird Sie nicht mehr belästigen."

Zum ersten Mal freute sich die Frau auf das Erscheinen ihres früheren Verlobten im Traum. „Da bist du ja, der angeblich alles von mir weiß und mich durch und durch kennt, dem keine Regung meiner Gedanken verborgen geblieben ist", begrüßte sie ihren Quälgeist.

„Natürlich weiß ich alles von dir", sagte das Traumbild. „Ich weiß auch, daß du einen Therapeuten um Rat gefragt hast, weil du alleine nicht mit mir fertig wirst."

„Wenn du so genau über mich Bescheid weißt, dann kannst du mir sicher auch eine kleine Frage richtig beantworten. Wenn du das schaffst, löse ich meine Verbindung und kehre reumütig zu dir zurück."

„Nichts leichter als das. Denn du bist wie ein geöffnetes Buch für mich. Es freut mich, daß du endlich zur Vernunft kommst und einsiehst, daß du ohne mich nicht leben kannst!" prahlte der Quälgeist. „Nun sag' schon: Wie lautet deine Frage?"

„Sage mir, wieviele Erbsen ich in meiner Hand halte?"

Da war der Quälgeist überfragt, er verschwand und kehrte niemals zurück.

76. Zu eng

Nach Tagen und Nächten des Umherirrens in der Wüste stieß ein Fremder völlig entkräftet auf die einsame Klause eines Eremiten.

Nachdem er getrunken hatte und wieder etwas zu Kräften gekommen war, fragte er den Eremiten: „Sag' mir, wie ergeht es dir in der Einsamkeit der Wüste?"

„Was erdreistest du dich, mir eine solche Frage zu stellen, der ich gezwungen bin, hier auf engstem Raume leben zu müssen?" entgegnete unwirsch der Eremit.

„Das verstehe ich nicht", widersprach der Fremde. „Wie kannst du dich beengt und eingesperrt fühlen, da du doch in der endlosen Weite der Wüste lebst?"

„Wenn die Welt nicht so klein wäre", sagte der Eremit, „wärst du niemals auf mich gestoßen."

77. *Einstellung*

Als der Kölner Dom zu Hälfte fertiggestellt war, kam eines Tages ein Besucher auf die Baustelle. Er ging herum, sah sich alles interessiert an und fragte dann einen Arbeiter, was er da mache.

„Ich behaue Steine“, war die mürrische Antwort des Steinmetzes, der nicht einmal von seiner Tätigkeit aufblickte.

„Und was machst du?“ fragte der Fremde einen anderen Arbeiter.

„Ich verdiene hier so viel Geld, wie ich eben nur kann“, entgegnete der Arbeiter.

Der Besucher ging weiter und fragte einen dritten Arbeiter, der gerade einen Steinblock auf seiner Schulter trug, welche Tätigkeit er ausübe.

Mit einer großen Bewegung seiner freien Hand über die Baustelle sagte der Arbeiter: „Mein Herr, ich helfe, eine Kathedrale zu bauen.“

78. Mutter

Die Trasse für die neue Straße war längst abgesteckt. Doch in der Nähe einer kleinen Ortschaft behinderte ein großer Felsen die einfache Streckenführung. Die Planer hatten entschieden, daß ein kurzer Tunnel die preiswerteste Lösung sei. Die Einwohner hatten sich seit Tagen an den Lärm der Signalhörner und das ohrenbetäubende Donnern der Detonationen gewöhnt.

Die Bauarbeiter waren erfahrene Männer, für die Sprengarbeiten zum Arbeitsalltag gehörten. Der Sprengmeister füllte das Bohrloch mit Dynamit, dann gab er das Signal, und alle Leute brachten sich in Sicherheit. Nie hatte es ein Unglück gegeben. Doch eines Tages geschah das Unerwartete: Das Sprengsignal war kaum verhallt, die Arbeiter hatten sich zurückgezogen, die Lunte brannte und jeden Augenblick mußte die Explosion erfolgen, als die Männer zu ihrem Entsetzen ein kleines Kind direkt auf den Sprengort zulaufen sahen.

Sich der drohenden Gefahr nicht bewußt, beugte es sich sorglos nieder und hob einen bunten Stein auf. In ihrer Panik standen die Männer hinter ihren Deckungen auf, riefen das Kind, gaben ihm mit ihren Armen Zeichen, und fröhlich winkte das Kind zurück. Als hätte der Schreck ihnen allen die Beine gelähmt – keiner der Männer rannte vor, um das Kind zu retten, denn jeder von ihnen wußte, daß sie den Rückweg nicht geschafft hätten. Das Verhängnis nahm seinen Lauf.

Das Kind wäre von den Gesteinsmassen erschlagen worden, wenn seine Mutter sich nicht genähert hätte. Sofort erkannte sie die Situation und tat, was unter diesen Bedingungen nur eine Mutter tun kann: Sie kniete nieder und öffnete lächelnd weit ihre Arme.

Das Kind lief auf sie zu. Als die Explosion die Stille zerriß, war das Kind sicher in ihren Armen.

79. Verzichtbar

Eine Frau wurde immer wieder von einem plötzlichen Heißhunger auf Süßigkeiten befallen. Kein Wunder also, daß sie ständig an Gewicht zunahm. Das machte ihr Kummer, der wiederum mit Süßigkeiten gemildert wurde, wovon sie weiter zunahm...

Sie ging darum eines Tages zu ihrem Hausarzt und sagte: „Ab und zu überkommt mich ein so schreckliches Verlangen, das ich nicht beherrschen kann. Bitte befreien Sie mich davon."

„Das ist in der Tat höchst seltsam", sagte der Arzt mit ernster Miene. „Können Sie mir zeigen, wie das Verlangen sich äußert?"

„Jetzt kann ich es Ihnen nicht zeigen", sagte die Patientin.

„Wann können Sie es mir denn zeigen?" fragte der Arzt.

„Ich weiß nicht. Es kommt ja immer ganz plötzlich."

„Dann kann es kein Teil Ihrer wahren Persönlichkeit sein", sagte der Arzt. „Denn wenn es Teil Ihrer wahren Natur wäre, dann könnten Sie es mir jederzeit zeigen. Wenn es nicht Teil Ihrer wahren Natur ist, brauchen Sie es auch nicht. Denken Sie mal darüber nach!"

80. Haarig

Ein Mann beklagte sich beim Meister über seine nachlassenden Kräfte und die Zipperlein, die sich mit den Jahren einstellten.

„Man kann zwar nichts gegen das Alter tun“, sagte der Meister, „aber man muß vermeiden, alt zu werden. Dir sollte es nicht ergehen wie dem Mann, der als der stärkste Mann aller Zeiten galt. Groß war sein Ruhm, denn nie hatte ihn jemand im Ringkampf besiegt. Er stemmte die schwersten Gewichte, trug die dicksten Baumstämme und konnte einen heranstürmenden Stier niederringen.

Eines Tages fand er in seinem Bart ein weißes Haar und brach in Tränen aus: ‚Die stärksten Männer habe ich besiegt, aber dieses Haar zwingt mich nieder. Selbst mit Stieren nahm ich den Kampf auf, doch vor diesem Haar bin ich machtlos.‘“

81. Wie man hineinschaut

Eine arme Frau, die immer nur die Sorge um das tägliche Brot gekannt hatte und trotz aller Mühen und Plagen keine schöne Kleinigkeit ihr eigen nannte, sah bei einem Händler auf dem Markt zum ersten Mal in ihrem Leben einen Spiegel. Sie nahm ihn in die Hand und schaute hinein, und was sie da erblickte, erfüllte sie mit so großer Freude, daß sie ihn für ihr einziges Geld sofort kaufte.

Ihre Neuerwerbung versteckte sie im Hause gut vor ihrem Manne, denn der wäre sicher mit ihrer Geldverschwendung, wie er es nennen würde, nicht einverstanden. Aber natürlich konnte sie es sich nicht versagen, ab und zu in den Spiegel zu schauen und sich an dem Wunder zu erfreuen, das sie dort sah und das auch sie anblickte.

Ihrem Manne fielen nach und nach kleine Veränderungen in ihrem Wesen auf, und bald war er davon überzeugt, daß sie etwas vor ihm zu verbergen hatte. Darum nutzte er die Gelegenheit, als sie einmal nicht im Hause war, um ihre wenigen Habseligkeiten zu durchstöbern, und so fand er den Spiegel. Er nahm ihn in die Hand und schaute hinein.

„Verflucht!" rief er aus. „Habe ich es denn nicht vermutet? Sie hat einen andern. Aber zum Glück ist der Kerl abgrundtief häßlich."

82. *Ablenkung*

Ein Fürst hatte von einer wunderschönen Sklavin gehört, die in Buchara für zweitausend Goldstücke zum Kauf angeboten wurde. Er schickte einen seiner Minister, der die Sklavin erwerben und an seinen Hof bringen sollte.

Dem Fürsten gefiel die schöne junge Frau über alle Maßen, und er übertrug ihr das Amt des Handtuchreichens. So sah er sie jedes Mal, wenn er sich die Hände abtrocknen mußte. Das Abtrocknen dauerte von Mal zu Mal länger, denn ständig schaute der Fürst dabei die schöne Sklavin an. So verging einige Zeit. Eines Tages sagte der Fürst zu seinem Minister: „Ich habe dieser Sklavin die Freiheit gegeben und ihr ein Dorf geschenkt. Stelle du die Urkunden aus und veranlasse, daß sie einen ihr würdigen Mann heiratet und nicht mehr in meine Nähe kommt."

Sehr verwundert über diesen seltsamen Befehl wagte der Minister nach dem Grund für diesen Wunsch zu fragen. „Ich bin kein junger Mann", sagte der Fürst. „Mein Leben zählt siebzig Jahre. Und es wäre sehr unangebracht, wenn ein Siebzigjähriger sich wie ein Zwanzigjähriger beschäftigen würde. Als Siebzigjähriger muß ich mich mit dem Wohle meines Landes befassen. Ich war jedoch mit der Liebe beschäftigt. Ich war weder bei Gott, noch war ich bei den Menschen. Darum dieser Befehl."

83. *Unausweichlich*

Bei Verhandlungen im Bazar wurde einem Kaufmann der herrlich bestickte Mantel gestohlen. Der Dieb rannte in östlicher Richtung unbehelligt davon, denn alle waren von der dreisten Tat vollkommen überrascht.

Der Kaufmann, der sein wertvolles Kleidungsstück verschwinden sah, sprang auf und eilte nach Westen in Richtung Friedhof.

Einige Männer schlossen sich dem Kaufmann an. Als sie beim Friedhof angekommen waren, fragten sie den Kaufmann, warum er nach Westen gelaufen sei, während der Dieb doch in östliche Richtung geflohen sei.

„Ich werde ihm hier auflauern", sagte der Kaufmann. „Er muß notwendigerweise hierher kommen."

84. Großzügig

Ein Bettler klopft an die Pforte eines Klosters und bittet, zum Abt vorgelassen zu werden. Der Pförtner will den zerlumpten Kerl nicht hereinlassen und bietet ihm Brot und Wasser an. Doch der Bettler besteht auf seinem Wunsch, und dank seiner Hartnäckigkeit wird er endlich vor den Abt geführt.

Der Bettler hält dem Abt seine Bettelschale hin und verlangt, daß er sie ihm mit barer Münze fülle. Der Abt ist entsetzt über das unmäßige Verlangen des Bettlers, und außerdem findet er, daß die Schale viel zu groß sei. Doch der Bittsteller besteht auf seinem Wunsche, denn schließlich sei es doch auch ein Anliegen des Klosters, den Bedürftigen zu helfen.

Nach langen Hin und Her läßt der Abt dem Bettler die Schale bis zum Rand mit Münzen füllen, um den Quälgeist endlich loszuwerden.

Doch der Bettler ist grenzenlos glücklich, als er seine Schale voller Geld in Händen hält. Außer sich vor Freude leert er die ganze Schale vor den Füßen des Abtes aus und ruft begeistert: „So lange schon war es mein sehnlichster Wunsch, deinem Kloster eine Spende darzubringen. Doch weil ich armer Schlucker nichts zu geben hatte, beschloß ich, das Geld dazu von dir selbst zu erbitten!"

85. Vorbereitung

Ein berühmter Maler war vom Bischof verpflichtet worden, die Kuppel und die Wände der Basilika auszumalen. Gerüste wurden aufgestellt, Planken und Leitern wurden herangeschafft. Dann kam der Meister.

Er stieg die Leitern hoch, stand auf dem Gerüst und starrte die Wand an, die Hände auf dem Rücken. Den ganzen Tag stand er so. Am nächsten Tag stand er ein wenig weiter rechts. Manchmal ging er einen Schritt zu Seite, dann wieder zurück. Tag für Tag stand er so und tat nichts weiter, als auf die Wand zu schauen.

Nach zwei Monaten wurde der Auftraggeber unruhig. Der Maler hatte schließlich weder einen Topf Farbe angerührt noch überhaupt einen Pinsel zur Hand genommen. Er stand nur immer da, die Hände auf dem Rücken.

Darum begab sich der Bischof selbst in seine Basilika und sagte zu dem Maler: „Mein Sohn, wie es scheint, macht dein Gemälde keine großen Fortschritte."

„Mein Vater", entgegnete der Künstler, „das Gemälde ist soeben fertiggeworden. Alles, was ich noch tun muß, ist die Wände anzumalen."

V. Der Hoffnung vertrauen

86. Fundort

Zum Meister kam ein Schüler. Der Meister fragte ihn: „Was suchst du hier?“

„Ich suche Erleuchtung bei dir“, erwiderte der Schüler.

„Was suchst du Erleuchtung bei mir?“ fragte der Meister. „Du hast doch deine eigene Schatzkammer. Warum suchst du außerhalb?“

Verwundert rief der Schüler: „Ich soll eine Schatzkammer haben? Sag' mir: Wo ist sie denn, meine Schatzkammer?“

„Das, was du fragst, ist deine Schatzkammer“, antwortete der Meister. „Öffne sie und gebrauche ihre Schätze.“

87. Papierform

Der Meister ermahnte seine Schüler mit den Worten: „Über Gott nach dem Lesen der heiligen Schriften Aussagen machen zu wollen ist genau so einfältig, wie eine Hauptstadt zu beschreiben, wenn man sie nur auf der Landkarte mit kleinem Maßstab gesehen hat."

88. Beispiel

Unter den Schülern des Meisters war ein Streit entbrannt, wer von ihnen der Frömmste sei. Der Meister sah dem Treiben einige Zeit zu, dann sagte er mit leiser Stimme, die nicht zu überhören war: „Keiner von euch ist frömmer als unser Nachbar."

Sprachlos hielten die Schüler inne. Dann wagte der Vorlauteste von ihnen die Bemerkung: „Aber der murmelt doch höchstens einmal am Morgen den Namen Gottes. Dann arbeitet er den ganzen Tag auf dem Felde, und wenn er abends müde zu Bett geht, murmelt er ihn vielleicht noch einmal. Wieso soll der Bauer frömmer sein als einer von uns, die wir doch jeden Tag stundenlang meditieren und beten?"

Da nahm der Meister eine Schale, füllte sie mit Wasser und befahl dem vorlauten Schüler, mit der gefüllten Schale zehnmal den Baum zu umrunden, unter dem sie saßen.

Dieser ging zehnmal um den Baum herum und schaffte es wirklich, keinen Tropfen zu verschütten. Siegesgewiß gab er dem Meister die Schale zurück, doch der fragte ihn, wie oft er bei seinem Rundgang an Gott gedacht habe.

„Wie sollte ich an Gott denken, da ich doch meine ganze Konzentration darauf verwandte, keinen Tropfen Wasser zu verschütten?"

Da sagte der Meister: „Diese Schale mit Wasser beanspruchte deine Aufmerksamkeit so sehr, daß du Gott darüber vergessen hast. Und du hast den Hochmut, dich mit jenem Bauern zu vergleichen, der täglich zweimal betet, obgleich die Schwere der Arbeit und die Mühsal des Lebens auf ihm lastet."

89. Das Eine

„Erkenne das Eine“, sagte der Meister. „Wer das Eine erkennt, wird alles erkennen. Die Nullen werden zu Millionen, wenn sie hinter der Eins stehen. Wird aber die Eins weggenommen, bleibt nichts.

So hat das Viele nur Wert in bezug auf das Eine. An erster Stelle stehe das Eine, dann das Viele. Sonst ist es bedeutungslos. Erst Gott, dann die Welt.“

90. Erkenntnis

Ein talentierter Schüler, der bei einem berühmten Maler in die Lehre ging, fragte ihn eines Tages: „Meister, sag' mir bitte: Was ist schwer zu malen?"

„Hunde, Pferde und Menschen sind schwer zu malen", antwortete der Meister.

„Und was ist leicht zu malen?" fragte der Schüler.

„Leicht zu malen sind Götter, Geister und Engel", sagte der Meister. „Hunde, Pferde und Menschen sind schwer zu malen, weil sie jeder kennt und jeden Tag sieht. Jedermann kann erkennen, ob sie gut oder schlecht gemalt sind, jeder hat gleich eine Meinung dazu. Götter, Geister und Engel jedoch haben keine für jedermann gültige Gestalt. Für jeden, der sie gesehen hat oder glaubt, sie gesehen zu haben, stellten sie sich anders dar. Darum sind sie leicht zu malen."

91. Gerecht

Ein frommer Mensch beobachtete, daß die Frau im Haus gegenüber ständig Besuch von Männern hatte. Eines Tages sprach er sie an und machte ihr heftige Vorwürfe: „Du bist eine große Sünderin. Tag und Nacht kommen Männer zu dir, denen du mit deinem Leib zu Diensten bist. Gott wird dich für deine Schandtaten strafen, und du wirst in die tiefste Hölle verbannt werden."

Die arme Frau war sichtlich erschüttert. Voller Verzweiflung flehte sie zu Gott und bat ihn um Vergebung. Doch sah sie aus ihrer seelischen Not keinen Ausweg, da sie in ihrem Gewerbe aufgewachsen war und nichts anderes wußte, um ihr Leben zu fristen. Jedes Mal, wenn sie mit ihrem Leib sündigte, vermehrte sich die Qual in ihrem Herzen, und mit inständiger Reue flehte sie Gott um Vergebung an.

Der Fromme erkannte, daß seine Ermahnungen nutzlos geblieben waren. Nun begann er das Haus gegenüber noch genauer zu beobachten. Für jeden männlichen Besucher legte er einen Stein beiseite, und allmählich wurde daraus ein kleiner Hügel.

Eines Tages zeigte er der Frau den Steinhaufen und erklärte: „Jeder Stein steht für einen deiner Besucher und darum für jede Sünde, die du mit deinem Leib begangen hast, seit der Zeit, als ich dich zur Abkehr von deinem sündigen Tun ermahnte."

Angesichts ihrer aufgehäuften Schande brach die Frau bitterlich weinend zusammen. Vollkommen hilflos und verzweifelt rief sie in ihrer Qual Gott um Erlösung aus diesem elenden Leben an. Und Gott erhörte ihr Gebet und beendete ihre irdische Not.

Doch schickte er seinen Todesengel auch in das Haus des Frommen, der am gleichen Tage verstarb. Engel geleiteten die Seele der Sünderin in den Himmel, während die Seele des Frommen in die Abgründe der Hölle gestoßen wurde. „Ist das etwa die göttliche Gerechtigkeit, an die ich alle meine Lebenstage geglaubt habe und darum in Armut und frommem Gebet die ewige Seligkeit erhoffte? Warum wird nun diese große Sünderin mir vorgezogen und kommt in den Himmel?"

„Wie die Saat deiner Gedanken, so soll deine Ernte sein", antworteten die Engel. „Was bist du doch für ein selbstgerechter Heuchler. Bei deinem scheinbar frommen Verhalten ging es dir nur um die Anerkennung deiner Mitmenschen. Nie hat dein Herz Gott gesucht. Diese beklagenswerte Frau jedoch betete immerwährend zu Gott in ihrem Herzen, wenngleich ihr Leib dabei auch sündigte.

Schau hernieder auf die Menschen, was sie mit deiner leiblichen Hülle tun: Sie schmücken deinen Leib, mit dem du nie gesündigt hast, mit Blumen und Girlanden und beerdigen ihn. Den sündigen Leib der Frau jedoch warfen sie auf den Schindanger. Doch ihr Herz war rein und darum geht ihre Seele ein in die Gefilde des Reinen. Deine Unaufrichtigkeit und selbstgerechte Heuchelei in der ständigen Betrachtung ihrer Sünden haben dich zum Sünder und dein Herz unrein gemacht. Darum geht deine Seele ein in die Regionen des Unreinen. Denn du warst die wahre Hure, nicht sie."

92. Verstehen

Ein Schüler, der schon lange Jahre beim Meister studiert hatte, kam eines Tages zu ihm und bat um eine Unterredung.

„Meister, seit vielen Jahren studiere ich die heiligen Schriften, meditiere, faste und folge getreulich allen Euren Anweisungen. Doch habe ich das Gefühl, der Erleuchtung noch keinen Schritt näher gekommen zu sein."

„Buddhas Lehre dient den Menschen zur Erleuchtung", entgegnete der Meister. „Doch wenn du von einer der Methoden, sie zu erlangen, abhängig bist, dann bist du nichts als ein unwissender Wurm. Es gibt hunderttausend Bücher über den Buddhismus. Auch wenn du sie alle studieren solltest, deine wahre Natur jedoch nicht erkennst, dann wirst du nicht einmal meine Worte verstehen."

93. Lebensglück

Zum Meister kam ein Mann und bat ihn, er möge einen Gedanken niederschreiben, der ihm und seiner Familie Anregung und Verpflichtung sein möge, damit das Glück seinem Hause gewogen bleibe.

Der Meister nickte nachdenklich. Dann nahm er einen Stift und schrieb:

Vater stirbt. Sohn stirbt. Enkel stirbt.

Das war nun gar kein so weises und glückverheißendes Motto in dem Sinne, wie es sich der Mann erhofft hatte. „Willst du mich verhöhnen?" rief er verärgert. „Natürlich werden wir alle sterben. Aber das ist doch kein Glücksmotto, das meiner Familie hilft!"

„Ich hatte nicht die Absicht, dich zu verärgern", sagte der Meister. „Und der Gedanke, den ich dir aufgeschrieben habe, ist tatsächlich ein Gedanke des Glücks. Denn bedenke das Unglück, wenn dein Sohn vor dir sterben würde. Wenn dein Enkel vor deinem Sohn sterben würde, wie stände es dann um euer Glück? Wenn in deiner Familie viele Generationen lang in der von mir geschriebenen Reihenfolge gestorben wird, so ist das der natürliche, von keinen schmerzlichen Verlusten erschütterte Ablauf des Lebens. Das nenne ich wahres Glück."

94. Wie ein Boot

In tiefes Nachdenken versunken saß ein Schüler schon seit Stunden unter dem schattenspendenden Baum. Endlich ging der Meister auf ihn zu und fragte, welcher Kummer sein Herz so belaste, daß er sich so sehr zurückziehe.

„Ich grüble über die Frage nach, wie ich ein wahrhaftiges Leben führen soll, ohne gleich ins Kloster gehen zu müssen, um den Gefahren der Welt widerstehen zu können", sagte der Schüler.

„Betrachte das Boot dort auf dem Fluß", sagte der Meister. „Das Boot muß im Wasser sein, aber das Wasser darf nicht im Boot sein. Wer Gott zum Ziel hat, darf durchaus in der Welt leben, aber die Welt nicht in ihm."

95. Elefantastisch

Der Meister begegnete einem Asketen, der sehr stolz war auf die Yoga-Kräfte, die er anzuwenden wußte. Dieser bat den Meister, ihm doch Gesellschaft zu leisten, und sie sprachen über die verschiedenen Wege, die sie beschritten, um zur Erleuchtung zu gelangen.

Ein Elefant kam vorbei, und der Meister fragte den Asketen: „Kannst du den Elefanten durch die Kraft deines Willens töten?"

„Natürlich kann ich das", sagte der Asket. Er hob die linke Hand, bewegte unhörbar die Lippen, der Elefant brüllte laut auf, stürzte nieder und starb.

„Ich bin sehr beeindruckt von der wunderbaren Kraft, die du erlangt hast", sagte der Meister. „Aber ich denke, wenn du die Macht zu töten hast, wirst du sicher auch die Kraft haben, den Elefanten wieder zum Leben zu erwecken."

„Aber selbstverständlich kann ich ihn auch wieder auferstehen lassen", sagte der Asket. Er hob die rechte Hand, murmelte geheimnisvolle Worte, und wirklich: Der Elefant wurde wieder lebendig. Er erhob sich noch etwas benommen, und dann trottete er davon.

Der Meister lobte die wunderbare Macht des Asketen. „Das ist wirklich einmalig. Ich habe noch nie jemanden erlebt, der kraft seines Willens einen Elefanten töten und wieder zum Leben erwecken kann. Doch verrate mir noch eines: Was hast du damit gewonnen? Bist du der Erleuchtung dadurch ein wenig nähergekommen?"

Mit dieser Frage verabschiedete sich der Meister von dem ins Nachdenken gekommenen Asketen.

96. Innen und außen

Der Meister pflegte zu sagen, indem er auf sein Herz zeigte: „Wer es hier drinnen hat, der hat es auch draußen. Wer Gott nicht in seinem eigenen Innern findet, wird ihn auch außerhalb seiner selbst nicht finden. Wer ihn jedoch im Tempel seines Herzens erblickt, der wird ihn auch im Tempel der Welt erkennen."

97. *Kein Neid*

Der Meister sagte zu einem, der seinem Nachbarn den Erfolg und den Reichtum neidete:

„Der Neid macht dich nicht nur krank, er ist zudem vollkommen sinnlos, denn jeder Mensch ist entweder für das Paradies oder für die Hölle bestimmt. Kommt er in den Himmel, so wird er dort alles erhalten. Warum beneidest du ihn dann für das Wenige, was er hier auf Erden besitzt? Ist er aber für die Hölle bestimmt, so hast du erst recht keinen Grund, ihn um das zu beneiden, was er besitzt, bevor ihn sein schlimmes Ende ereilt!"

98. Der Hund der Begierde

Als der König durch die Stadt ritt, knieten sich alle Einwohner in den Staub der Straße nieder und neigten die Köpfe. Nur ein Fremder in zerlumpter Kleidung ging hoch erhobenen Hauptes seines Wegs, wie wenn ihn das Verhalten der Einheimischen nichts anginge.

Der König ritt auf den Mann zu und stellte ihn zur Rede: „Sag mir Fremder, der du es scheinbar nicht nötig hast, mir deine Achtung zu erweisen, obwohl du nur mit ein paar Lumpen bekleidet bist: Wer von uns beiden hat es besser, du oder ich?"

„Zwar bist du in Gold gekleidet", antwortete der Mann, „doch bist du auch mit Blindheit geschlagen. Denn wer sich selbst erhöht, hat nichts verstanden. Ich zweifele nicht im geringsten daran, daß ich es tausendmal besser habe als ein Mann wie du. Der Hund deiner Begierde ist der Herr deiner blinden Seele. Er hat dich auf die Stufe eines Esels erniedrigt. Er ist dein Herr, führt dich am Zügel und lenkt deinen Kopf, wohin er will. Wie sein Sklave tust du alles, was er will. Du bist nur ein unbedeutender Mensch.

Im Gegensatz zu dir kenne ich die Geheimnisse des Herzens. Und darum habe ich den Hund der Begierde zu meinem Esel gemacht, auf dem ich reite und den ich lenke. Dein Hund beherrscht dich. Mache ihn zu deinem Esel, wenn du nicht länger sein Esel bleiben willst."

99. Verschwindend

Ein Reicher prahlt mit seinen Besitztümern und mit dem Luxus, mit dem er sich umgibt.

„Wenn du die Augen zumachst“, sagt der Meister, „im Wachen oder im Schlafen, dann siehst du von deinem ganzen Besitz nichts mehr. Wie kannst du stolz auf einen Besitz sein, der verschwindet, sobald du die Augen schließt?“

100. Sehnsucht

Vor langer Zeit lebte ein kleiner Junge zufrieden in einem Haus auf einem grünen Hügel. Ganz wunschlos glücklich war er allerdings nicht, denn es gab etwas, das wünschte er sich mehr als alles andere.

Jeden Abend saß er auf den Stufen vor der Haustüre. Die Ellenbogen auf die Knie und den Kopf in die Hände gestützt, schaute er unverwandt auf das Haus mit den goldenen Fenstern, die von der anderen Seite des weiten Tales herblinkten. Dieses Haus nahm seine Phantasie gefangen, und er malte sich aus, was dort für ein unvorstellbar prächtiger Palast sein müsse, dessen Fenster wie Gold funkelten. Er träumte von den edlen Menschen, die in einem solch kostbaren Haus lebten, und er wünschte sich nichts sehnlicher, als bei ihnen sein zu können.

Eines Tages hielt er seiner Sehnsucht nicht länger stand. Statt wie jeden Morgen in die Schule zu gehen, beschloß er, sich auf den Weg zu dem Haus mit den goldenen Fenstern zu machen.

Stundenlang lief er, um sein geheimnisvolles Ziel zu erreichen: erst den Hügel hinab, durch einen Hohlweg und dann über die Wiesen. Gegen Mittag ließ er sich unter einem Baum nieder, aß sein Schulbrot und wäre vor Müdigkeit fast eingeschlafen. Doch die Vögel im Geäst hielten ihn munter. Aber seine Rast mußte wohl doch länger als vermutet gedauert haben, denn es dämmerte schon, als er endlich den ersehnten Hügel hinaufstieg und am Ziel seiner Reise ankam. Aber wie enttäuscht muß er gewesen sein, als er statt des erträumten Palastes mit den goldenen Fenstern nur ein einfaches Bauernhaus vorfand, dessen Fenster statt aus goldenen Scheiben aus nichts anderem als ganz gewöhnlichem Glas waren.

Ein alter Mann und eine alte Frau wohnten in dem Haus, und sie nahmen den erschöpften Jungen liebevoll auf. Traurig schüttelten sie die Köpfe, als der kleine Wanderer ihnen von seinen Träumen und seiner großen Enttäuschung erzählte. Nach einer heißen Suppe und einem dicken Butterbrot steckten sie den Knaben in ein herrlich duftendes Bett, denn es war viel zu spät, ihn nach Hause zurückzubringen.

Früh am Morgen erwachte der kleine Junge. Erst wußte er gar nicht, wo er sich befand, doch sogleich erinnerte er sich an die Ereignisse des vergangenen Tages. Er stand auf, ging zum Fenster und als er den Vorhang beiseite zog, machte er eine wunderbare Entdeckung. Weit entfernt, auf dem Hügel auf der anderen Seite des Tales stand ebenfalls ein Haus, dessen Fenster strahlten und funkelten wie pures Gold, so schön, wie er es kaum jemals gesehen hatte.

Wirklich ergriffen aber machte ihn die Erkenntnis, daß er auf die Fenster seines eigenen Hauses schaute, und er war vollkommen glücklich, als er später am Tag zurückkehrte in sein Zuhause mit den goldenen Fenstern.

101. Einsicht

Das Leben kann nur so schön sein, wie man es erkennen kann", sagte der Meister, und er erzählte von dem Mann, der auf einem Esel die Landstraße entlang ritt.

Nach einiger Zeit überholte ihn ein Reiter auf einem edlen Pferd. „Der kann sich ein herrliches Pferd leisten, während ich mich mit einem Esel begnügen muß", dachte er ein wenig neidisch.

Kurz darauf kam ihm ein Mann entgegen, der ächzend und schwitzend einen schwer beladenen Karren schob. „Ach, der arme Kerl muß sich abrackern", sagte er zu sich, „während ich mir doch immerhin einen Esel leisten kann."

102. Falsche Voraussetzungen

Ein Schüler, der die Erleuchtung erlangen wollte, saß Tag für Tag in der Meditationsstellung und murmelte den Heiligen Namen. Er war für niemanden ansprechbar und für nichts zu gebrauchen.

Eines Tages setzte sich sein Meister neben ihn und begann, den mächtigsten eisernen Stößel aus dem größten Mörser des Tempels an einem Stein zu reiben.

So ging es drei Tage lang: Der Schüler murmelte in Meditation, der Meister schliff den Stößel. Am dritten Tag fragte der Schüler den Meister, was er denn da mache.

„Ich will aus dem Stößel eine Nadel schleifen", antwortete der Meister.

„Aber das ist doch unmöglich. Das ist doch der größte Mörserstößel, den ich je gesehen habe. Wie kommt es nur, daß Ihr glaubt, daraus eine Nadel schleifen zu können?"

„Warum soll ich nicht daran glauben", sagte der Meister. „Du glaubst ja auch, durch unaufhörliches Murmeln des Heiligen Namens zur Erleuchtung gelangen zu können."

103. Andererseits

Ein Schüler beklagte sich beim Meister, daß er trotz des langen Studiums der heiligen Schriften der Erleuchtung nicht näher gekommen sei.

Wortlos reichte der Meister ihm eine kostbare kleine Schatulle, und mit einem freundlichen Nicken forderte er den Schüler auf, das Kästchen zu öffnen. Der Schüler hob den Deckel an und fand eine kleine Tafel, auf der in schönster Schrift zu lesen stand: „Wende und lies!"

Verwundert drehte er die Tafel um und las. Auf der Tafel stand geschrieben: „Wenn du nicht einmal das übst, was du weißt, wie kannst du dann das suchen, was du nicht weißt?"

104. Zuhören

Ein Mann, der die dauernden Streitigkeiten mit seiner Frau nicht länger ertragen konnte, bat den Meister um Rat und Hilfe.

„Kaum macht einer von uns den Mund auf, unterbricht ihn der andere schon. Ein Wort ergibt das andere, dann haben wir gleich wieder Streit miteinander, und jeder von uns ist mürrisch und schlecht gelaunt“, sagte der Mann. „Dabei lieben wir uns doch, aber so kann es nicht weitergehen. Ich weiß einfach nicht mehr, was ich machen soll.“

„Du mußt lernen, deiner Frau zuzuhören“, sagte der Meister. „Und wenn du sicher bist, daß du diese Regel beherrscht, dann komme wieder zu mir.“

Nach drei Monaten sprach der Mann wieder beim Meister vor und erklärte, er habe jetzt gelernt, auf jedes Wort, das seine Frau sagt, zu hören.

„Gut“, sagte der Meister mit einem Lächeln. „Wenn du in einer glücklichen Ehe leben willst, mußt du jetzt noch lernen, auf jedes Wort zu hören, das sie nicht sagt.“

105. Ruhe finden

Ich bin immer so ruhelos. Ich kann mich nicht konzentrieren. Ständig gehen mir tausend Gedanken durch den Kopf, und ich komme gar nicht zur Ruhe", klagte ein Schüler und bat den Meister, ihm doch zu helfen.

„Es ist das beste, wenn du deinen ruhelosen Geist zu mir bringst", empfahl der Meister.

Verwundert sagte der Schüler einige Zeit später: „Ich kann meinen Geist nicht finden."

„Dann ist dir ja schon geholfen", erwiderte der Meister.

106. Nichts verpaßt

Zwei Männer waren zusammen aufgewachsen und seit ihrer Schulzeit befreundet, denn beide verband eine große Leidenschaft: der Fußball. Jeden Samstagnachmittag trafen sie sich auf dem Sportplatz, fieberten mit ihrem Verein und besprachen das Spiel anschließend in ihrem Stammlokal. Natürlich kannten sie alle Spieler und alle Tabellenplätze in jeder Saison. Es gab kein Spiel, das sie nicht besuchten.

Fast kein Spiel, denn in einer Saison versäumten sie sieben Spiele. Das war in dem Jahr, als einer von ihnen schwer erkrankte. Doch statt alleine zum Spiel zu gehen, und dem Kranken danach von dem Match zu erzählen, blieb der Gesunde bei seinem Freund, saß an seinem Krankenbett und sie redeten von den Höhepunkten und den Niederlagen ihres Vereins.

Der Kranke wurde nicht wieder gesund und verstarb bald darauf. Später sagte einmal sein Freund: „Ich habe viele gute Spiele gesehen. Ich habe einige herausragende Spiele gesehen. Doch die Spiele, die ich am meisten genossen habe, waren die Spiele, die ich versäumte."

107. Sinnsuche

Der Meister sagt: „Ihr, die ihr nach Erleuchtung sucht, gleicht einem Kinde, das im Großstadtgewimmel seine Mutter verloren hat.

Gute Leute wenden sich ihm zu und fragen: ,Wie heißt deine Mutter?'

Das Kind antwortet: ,Das weiß ich nicht.'

,Wo steht denn euer Haus?' fragen die Leute.

Das Kind antwortet: ,Das weiß ich nicht.'

,Wie heißt denn die Straße?' fragen die Leute.

Das Kind antwortet: ,Auch das weiß ich nicht.'

,Und was soll nun mit dir geschehen?' fragen die Leute.

,Das weiß ich nicht', antwortet das Kind. ,Ich weiß nur eines: Ich will zu meiner Mutter!'"

108. Erhellend

Zum Meister kam ein alter Mann und bat ihn um Rat. „Ich bin schon fast siebzig Jahre alt und habe ein schweres Leben gehabt. Seit meiner Kindheit habe ich mich auf den Feldern geplagt. Aber nun sind auch meine Kinder versorgt, und mein ältester Wunsch bedrängt mich immer noch. Ich wollte seit jeher gerne studieren und schwierige Bücher lesen und verstehen. Doch nun fürchte ich, ist es dazu längst zu spät."

„Das Alter ist kein Grund, nicht zu studieren", antwortete der Meister. „Wenn es auch spät ist, dann zündest du eben eine Kerze an."

„Was soll der Spruch von der Kerze? Willst du dich über mich lustig machen?" fragte empört der alte Mann.

„Warum sollte ich alter Mann mich wohl über den ehrenwerten Wunsch eines anderen alten Mannes lustig machen wollen?" entgegnete der Meister. „Mir ist nur eingefallen, was ich einmal einen Weisen habe sagen hören: Er sagte, man könne das Lernen eines jungen Menschen vergleichen mit den Strahlen der Morgensonne, die das Dunkel der Unwissenheit allmählich verdrängen. Wenn der reifere erwachsene Mensch sich im Studium befinde, leuchte ihm die helle Sonne der Mittagszeit. Wenn er aber an seinem Lebensabend die gelehrten Bücher studieren wolle, dann leuchte ihm ein Kerzenlicht. Das hat nun keine sehr weite Strahlkraft, aber es ist erhellend genug, um zu verhindern, daß man im Dunkeln blind umherstolpert."

109. Schwarz und weiß

Ein Schriftgelehrter, der sehr auf seinen Ruhm und seine Anerkennung bedacht ist, kommt in Begleitung seines Schülers an einen Fluß. Sie suchen nach einem Fährmann, doch nach einer Weile bemerkt der Gelehrte, daß sein Schüler verschwunden ist. Schließlich sieht er ihn vom anderen Ufer herüberwinken. Der Schüler hat das Wasser zu Fuß überschritten.

Als endlich auch der Gelehrte mit Hilfe eines Bootes ans andere Ufer gelangt, fragt er seinen Schüler höchst verwundert: „Wie kommt es, daß du etwas kannst, was ich nicht kann? Du hast doch all dein Wissen durch mich erhalten. Wodurch hast du dann diese wunderbare Fähigkeit erlangt?"

„O mein Meister", antwortet der Schüler, „ich habe mich all die Jahre damit beschäftigt, mein Herz weiß zu machen, und du damit, das Papier mit deiner Tinte schwarz zu machen."

110. Bedeutungslos

Der König leidet auf einer Reise starken Durst. Die mitgeführten Wasservorräte sind erschöpft. Ein weiser Mann aus seinem Gefolge sagt zu ihm: „Wenn du jetzt auf dieser Reise noch zehn Tage lang kein Wasser fändest, würdest du dann für einen Becher frischen Wassers die Hälfte deines Reiches geben?"

„Ja, das würde ich tun", antwortet der König.

„Und wenn sich dann herausstellen sollte, daß dein Mund und deine Kehle so ausgedörrt sind, daß du die Hilfe eines Arztes bräuchtest, um trinken zu können, würdest du dann dem Arzt die andere Hälfte deines Reiches geben?"

„Ja, auch das würde ich tun", bestätigt der König.

„Dann hänge dein Herz nicht an ein Reich, das nur einen Becher Wasser wert ist!"

111. Schweigen

Der Meister sagt: „Oft habe ich bereut, daß ich geredet habe. Aber niemals brauchte ich zu bereuen, daß ich geschwiegen habe.

Eine der grundlegenden Wahrheiten besteht aus zehn Teilen. Einer davon ist: wenig reden. Die neun anderen sind: schweigen.

Um gelehrte Gespräche über Wissenschaft und Weisheit zu führen, braucht man viel Verstand. Unendlich viel Verstand aber braucht ein Gelehrter, der schweigen soll."

In gleicher Ausstattung ist erschienen

Norbert Lechleitner, Balsam für die Seele
100 überraschende Weisheitsgeschichten,
die jeden Tag ein wenig glücklicher machen.

ISBN 3-451-26575-3

Norbert Lechleitner, Sonne für die Seele
100 überraschende Weisheitsgeschichten,
die jeden Tag ein wenig fröhlicher machen.

ISBN 3-451-26935-X

Norbert Lechleitner, Ein Lächeln für die Seele
100 überraschende Weisheitsgeschichten,
die jeden Tag ein wenig freundlicher machen.

ISBN 3-451-27282-2

4. Auflage

Einbandgestaltung: Hermann Bausch
Satz: Layoutsatz Kendlinger
Herstellung: Freiburger Graphische Betriebe 2000

ISBN 3-451-26704-7